사고력에 기초한

유아 논리 · 논술교육

사고력에 기초한

유아 논리·논술교육

장석경

동문사

머리말

다양한 온·오프라인 매체에서는 매일매일 화제가 되는 내용을 소개하고, 그 이슈에 대해 각각 근거가 되는 자료들을 증거 삼아 다양한 정보들을 제공하고 있다. 심지어 우리는 필요한 정보를 검색한 후에도 연관검색어가 지속적으로 제공되어 끊임없이 관련된 정보를 검색하게 된다. 이 같은 상황에서 독자나 청취자는 다양하고 복잡한 정보를 접했을 때, 꼭 필요한 정보가 무엇인지 다시 한 번 생각하고 올바른 정보를 선택하기 위해 논리적으로 사고해야 한다.

논리적 사고란 무엇일까? 사고하는 과정에서 작용하는 주장과 그 주장을 뒷받침할 수 있는 근거를 통해 합리적 판단을 하는 것이다. 논리적으로 사고하는 것은 정확하고 적합한 정보를 선택하기 위해서도 중요하다. 또한 우리는 사회생활, 일상생활 속에서 다양한 사람들과 원활한 소통을 위해서는 논리적 사고가 필요하다. 친구들과 여행 장소나 식사 메뉴를 정하기 위해 소통했던 경험을 회상해 보자. 친구들은 정보 검색을 통해 저마다 기준으로 삼고 있는 블로그의 평가내용이나 정보원 정보 내용을 토대로 장소를 제안한다. 제안된 장소가 채택되기도 하고, 반대의 경우에 모두가 만족할 장소를 위해 다시 정보를 검색한다. 이 과정에서 주장과 그 주장을 뒷받침할 수 있는 근거를 통해 친구들 모두가 합의할 수 있는 장소를 선정할 수 있다. 그러나 이와는 반대로 상대방의 의견이나 주장을 무조건 수용하거나 근거 없이 반대만 한다면 장소 선정에 많은 어려움이 발생한다. 이 같은 불통이 반복된다면 사회생활에서 바람직한 인간관계 형성에 어려움이 발생할 수 있다.

유아교육 현장도 하나의 사회 조직이며, 유아교사와 교직원, 유아교사와 부모, 유아교사와 유아 간에도 원활한 소통과정을 위해 논리적 사고가 필요하다. 유아교육기관의 교육철학을 바탕에 두고 활동을 계획하거나 견학 장소를 선정하기 위해, 자녀의 문제로 학부모와 상담하는 시간에 논리적으로 사고하여 말을 하거나 글을 써야 한다. 또한 교사 임용시험에서 유아를 위한 활동이나 유아 지도에 관련한 문제가 출제되어, 임용을 준비하는 예비 유아교사에게 교직 논술이 필요한 시점이다.

따라서 본 책은 유아 측면과 예비 유아교사 측면으로 구분하여 각각 논리적 사고함양을 위해 필요한 이론과 실제를 포함해 총 6개의 장(章)으로 구성되어 있다. 이 과목을 공부하는 학생들에게 유아교육기관에서 익숙하고 편안하게 접근힐 수 있도록, 저자의 유치원 교사 시절 논리적 사고가 필요했던 경험을 예시하였다. 먼저, 1장은 사고 및 논리적 사고의 이해를 도모하기 위하여, 논리적 사고 및 필요성, 논리적 사고의 구성에 대해 살펴보았다. 2장은 유아기 논리, 창의적 사고를 알아보았다. 3장은 유아의 논리적 사고 함양을 위해 교사의 지원 방법을 소개하였다. 구체적으로 유아의 사고력 함양을 위한 교사가 사용하는 발문 및 기법, 토론 및 토의 방법, 그림책을 활용한 방법을 실제 예시를 통해 다루었다. 4장은 예비 유아교사의 논리적 사고함양을 위한 실제를 소개하였다. 유치원에서 논리적으로 말하기의 실제, 논리적으로 글쓰기의 실제, 비판적으로 읽기 방법, 마지막으로 교직 논술에 대해 다루었다. 5장은 유아 및 예비 유아교사의 사고력 평가 방법을 소개하였다. 마지막 6장은 3장에서 다룬 유아의 논리적 사고 함양을 위한 교사의 지원을 중심으로 유아교육 현장에서 적용할 수 있는 활동의 실제를 소개하였다.

2009년도부터 '논리 및 논술' 교직 교과 교육영역에 필수 전공과목으로 편성하도록 하였는데, 학생들은 '논리 및 논술' 교과목을 다소 어려워할 수 있다. 본 저자 역시 '논리적'인 사람이라 말하기 어렵다. 여전히 논리적 글쓰기, 말하기가 쉽지 않고 부족하다. 하지만 논리적으로 사고하는 것은 지속적인 훈련을 통해 습득할 수 있는 기술이기에 계속 노력하고 있다.

이 책이 유아교육을 전공하는 예비 교사들에게 많은 도움이 되길 바라며, 논리적 사고함양에 필요한 다양한 기술 습득을 위해 꾸준히 노력하리라 믿는다. 또한 본 저자는 이 과목을 가르치면서 학생들과 전문가들의 의견을 토대로 본 교재의 부족한 부분을 계속해서 보완해 나가고자 한다.

마지막으로 이 책이 나오기까지 협조해 준 제자들, 동문사 여러분께 감사의 마음을 전하고 싶다.

2022년 6월

장석경

차 례

III. 유아의 사고력을 키우기 위한 교사의 지원

IV. 예비 유아교사의 논리적 사고의 실제

I

사고 및 논술의 이해

I. 사고 및 논술의 이해

인간은 동물과 다른 점이 사고(思考)를 할 수 있는 존재라는 점이다. 사고란 생각하고 궁리한다는 의미로 지식을 사용하는 마음의 작용이다(국립국어원, 2021). 사고는 사고의 기능과 사고 성향으로 이루어진다. 사고기능은 인지적 조작 활동을 말하며, 분석하기, 유추하기, 종합하기, 변별하기 등이 사고기능의 예이다. 인간은 이러한 사고기능을 당면한 문제 해결에 활용한다. 한편 사고 성향이란 사고에 대한 태도, 동기, 가치 의식을 포함하고 있는 정의적인 측면이다. 즉, 사고를 하려 하는 태도, 열정, 끈기, 호기심 등이 속한다. 만약 사고하려는 성향이 결여된다면, 사고기능이 작용하지 않아 지식을 습득하기 어렵다. 이 장에서 사고력에 대해 살펴보고 마지막으로 논술의 개념 및 구성에 대해 살펴보도록 한다.

1.

논리적 사고

1) 논리적 사고의 개념 및 필요성

인간은 동물과 달리 '이성적 존재'이다. 여기서 이성(理性)의 뜻은 올바른 가치와 지식을 가지고 논리에 맞게 생각하고 판단하는 능력으로, 인간만이 가지고 있는 기능이다. 또한 인간은 주위의 감각과 지각으로부터 생기는 기쁨, 슬픔, 불편, 불쾌함 등과 같은 감성도 가지고 있다. 친구와 둘이 아주 슬프고 감동적인 영화를 관람했다고 상상해 보자. 이성적으로는 영화를 관람하는 내내 '너무 슬프다', '너무 감동적이다'라고 생각하고 있지만 나도 모르게 나의 감각을 자극한 결과, 무의식적으로 눈에서 눈물이 흐르는 것을 알 수 있다. 아무리 마음속으로 '너무 슬프지만 절대 눈물 흘리면 안 돼' 하면서 이성적으로 생각한다 해도 감성적으로 눈물이 흘러내리는 것을 누구도 막을 수 없다. 이같이 인간은 이성과 감성으로 이루어진 존재이다.

논리(Logic)란 고대 그리스어의 'logos'에서 유래된 것으로 '세다, 모으다, 배열하다, 말하다, 표현하다'의 뜻을 지닌다. 사전적 정의는 '말이나 글에서 사고나 추리 따위를 이치에 맞게 이끌어 가는 과정이나 원리'이다(국립국어원, 2021). 생각하고 궁리하는 인지적 활동이라는 사고의 개념과 결합하게 된다면 논리적 사고란 말이나 글에서 사고나 추리를 이치에 맞도록 하는 정신적인 능력이다. 논리에 대한 이해를 도모하기 위해 아래 상황의 예를 살펴보자.

A: 친구야!! 너무 애플워치 사고 싶어. 어떻게 하지?
친구: 너 또 얼마 쓰지 않고 싫증 낼 거 아니야? 넌 너무 싫증 잘 내잖아.
A: 친구야! 일단 내가 쓰던 시계가 고장 났어. 그리고 매일매일 운동할 때 핸드폰을 들고 하는 것보다 애플워치는 운동 중에 연락을 받을 수 있고 내가 걸었을 때 맥박수도 알려주니까 효율적이지 않겠어?
무엇보다 아이폰과 연동이 되니까 여러 가지 기능을 활용할 수 있고 자주 핸드폰을 잃어버리는 나에게 시계에서 버튼만 누르면 핸드폰에서 소리가 나니 금방 찾을 수 있어. 그래서 나에겐 꼭 필요한 시계야.
친구: 그래? 그럼 이번엔 너에게 꼭 필요한 물건이니까 사 봐.

위의 상황에서 A는 물건을 사기 좋아하고 산 물건에 항상 싫증을 잘 내는 성향을 가진 학생이다. 본인이 애플워치를 사고 싶은 이유에 대해 합리적인 근거를 논리적으로 설명하였다. 그 결과 친구로부터 '애플워치를 사' 하는 긍정의 메시지를 전달받고 기분 좋게 애플워치를 구입하였다. 예시와 같이 어떠한 상황에서 논리적으로 사고한다는 것은 본인이 주장하고 싶은 내용과 그 사이에 충분한 근거가 충족되어 합리적 판단을 하도록 한다.

그동안 많은 학자(고정곤 외, 2017; 박찬옥, 2018; 주강식, 1995)들은 논리적 사고에 대해 각각의 견해를 말해 왔다. 고정곤 외(2017)에 의하면 논리적 사고란 일상생활에서 부단히 당면하는 생활문제에 대한 합리적인 해결을 위하여 느낌이나 감정보다는 주장, 근거, 결론에 이르기까지 전 과정에 걸쳐 일관성을 유지하고 분석, 추론, 종합, 추리 등의 합리적인 사고 과정과 절차를 통하여 문제를 해결하는 사고 활동이다. 또한 다른 사람의 주장, 신념, 정보에 대하여 정확성, 타당성, 가치를 분석하여 모순을 찾아내도록 노력하는 탐색적이고 비판적이며 합리적인 사고 활동으로 정의하였다. 또 논리적 사고란 사고의 전개 과정에서 작용하는 전후 주장과 근거 사이에 관계가 올바로 되어 있는가를 성찰하는 것이다(박찬옥 외, 2018).

이를 종합해서 본 책에서는 논리적 사고를 **'문제 해결을 위해 사고하는 과정에서 작용하는 주장과 그 주장을 뒷받침할 수 있는 올바른 근거를 통해 합리적인 판단을 하는 것'**이라고 정의하고자 한다.

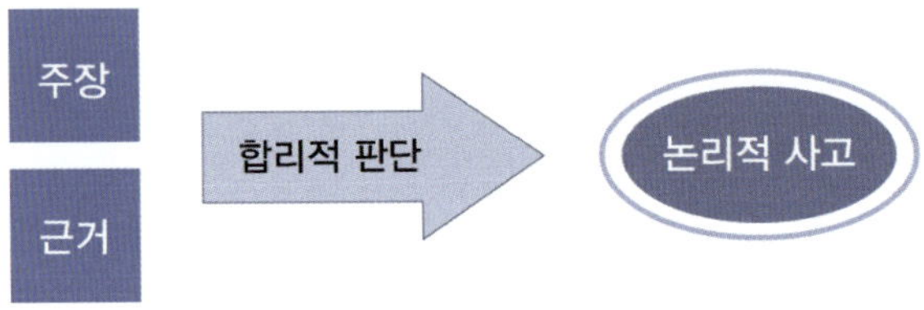

[그림 1] 논리적 사고

왜 유아교사에게 논리적 사고력은 필요할까?

- **많은 정보 중 바람직한 정보의 선택이 요구된다.**

  우리는 알고자 하는 정보를 인터넷사이트, SNS, 유튜브 등 많은 경로를 통해 찾을 수 있고, 그중 원하는 정보를 채택할 수 있다. 이 과정에서 선택한 정보가 정말 유용하고 바람직한 가치가 있는지를 논리적 근거를 토대로 유용성, 합리성 등을 판단해야 한다. 따라서 많은 정보 중 선택한 정보를 활용하는 능력을 함양하기 위해 논리적 사고가 필요하다.

- **유아기 논리적 사고력 함양에 함께할 중요한 시기의 교사이다.**

  피아제에 의하면 유아기는 전조작기이다. 전조작기의 특징은 유아가 자기중심적 사고, 물활론적 사고, 전환적 사고, 직관적 사고를 하는 것이다. 이러한 특징은 유아기는 아직 논리적 사고를 완벽하게 할 수 없지만, 점차 논리적 사고를 하게 되는 기초가 되어 구체적 조작기로 가면서 점차 논리적으로 사고할 수 있게 된다. 논리적 사고라는 것이 한순간에 형성되는 것이 아니라 유아 시기부터 다양한 사고학습이 기반이 되어 점차 사고의 틀을 형성하기 때문에 이 시기의 유아를 담당할 교사에게 논리적 사고력을 배양하는 것이 필요하다.

- **유아와 상호작용 시 교사의 논리적 사고력 증진에 기초한 발문이 중요하다.**

유아교육기관에서 하루 일과 중 가장 긴 시간을 같이 보내는 인적 자원은 바로 교사와 또래 유아이다. 교실의 놀이시간이나 대소집단 활동 시간에 교사는 유아에게 논리성을 기초로 한 발문을 통한 질 높은 상호작용을 해야 한다. 이런 발문의 기회를 통해 유아는 자연스럽게 논리성을 기초로 한 학습 환경을 경험하게 된다.

✤ 놀이상황

하늘에 관심 있는 유아들이 레고 블록으로 비행기를 만들어 하늘에 날려 보는 놀이를 하고 있다. 유아1은 "와, 저 하늘 좀 봐, 하늘색이야. 그리고 구름은 솜 같아, 그치?"
이와 같은 상황에서 교사가 아래와 같이 발문하였다.

"그럼 너희들 교실에서 하늘색과 비슷한 색깔이 들어 있는 물건을 가져와 보자."

A 교사

유아1: (하늘색 바탕의 그림책과 부직포 인형) 선생님, 여기 있어요.
교사: 그래, 하늘의 색과 비슷한 것을 잘 찾아왔네.

B 교사

우리가 경험할 수 있는 '하늘'의 색은 매우 다양함에 의문점을 가지고 유아들에게 다음과 같은 질문을 했다.

"얘들아! 우리가 볼 수 있는 **'하늘'의 색은 '하늘색'만 있을까?**라는 의문점을 제기하면서 유아에게 매일같이 시간과 장소, 날씨에 관계없이 '하늘'의 색을 감상할 수 있는 기회를 제공하였다.

일주일이 지난 후에 교사가 유아들에게 다음과 같이 발문하였다.
"그동안 너희들이 감상했던 '하늘'의 색과 비슷한 색의 물건을 교실에서 찾아와 보자."

유아1: (노을 진 하늘을 경험) 주황색 계열과 진노랑 계열의 물건을 찾아옴
유아2: (맑은 하늘을 경험) 하늘색, 파란색 계열의 물건을 찾아옴
유아3: (밤하늘, 비가 오는 하늘) 검정과 회색 계열의 물건을 찾아옴

교사: 각각 찾아온 물건을 **왜 '하늘'의 색과 유사하다고 생각했는지**에 대해 발문하였다.

그 과정을 통해 유아들은 '하늘'의 색이 날씨 상황과 시간의 흐름에 따라 다양한 색이 있다는 것을 알게 되었고 유아 각자가 경험한 '하늘'의 색을 표현하는 활동으로 연계하였다.

- **부모와 면담 및 상담 시간에 교사의 논리적 사고가 필요하다.**

  부모와 자녀와의 발달 등에 대해 면담 또는 상담 시 논리적으로 사고하여 말하는 것이 필요하다. 교사는 자녀 발달에 관련하여 관찰했던 기록자료, 수집자료, 발달이론에 대한 근거자료를 토대로 상담에 임해야 한다.

✣ 자녀의 상황

○○는 외교관인 아버지 근무지 때문에 독일에서 태어나 4살 때까지 독일에서 살다가 한국으로 귀국 후 유치원에 입학하였음. 입학 당시 한국말은 할 수 없었지만, 말의 의미는 알아듣는 상황임

A 교사

부모: 선생님! 우리 ○○가 언어적 소통이 원활하지 않아 유치원 생활에 어려움은 없는지 궁금합니다.
교사: 어머니~ 생각보다 잘 지내고 있습니다.

부모: 다른 친구들과 소통이 원활히 되지 않아서 사회성 발달에 지장을 줄까 봐서 걱정입니다.

교사: 아직 단짝 친구는 없지만, 놀이에 참여하려고 노력하고 있습니다. 차츰 나아지고 있으니 너무 걱정하지 마세요.

B 교사

부모: 선생님! 우리 ○○가 언어적 소통이 원활하지 않아 유치원 생활에 어려움은 없는지 궁금합니다.

교사: 걱정 많이 하셨죠? 그동안 제가 자유놀이시간이나 대소집단 활동 시간에 ○○를 잘 관찰하였습니다. 먼저 어머님 말씀대로 본인의 의사를 한국어를 사용해서 말할 때 어려움이 있습니다. 하지만 다른 친구들이 ○○를 배려해 주어서 필요한 것들을 잘 안내해 주고 있습니다. 유아기는 언어를 습득하는 능력이 뛰어나기 때문에 지금의 환경에서 한국어를 사용하는 또래들과 지내면 한국어를 쉽게 습득할 수 있습니다.

부모: 감사드립니다. 선생님!! 아직 한국말로 의사를 잘 표현하지 못하니 친구 관계는 어떤가요?

교사: 자유놀이시간에 꼭 역할영역에 가서 다른 친구들과 같이 어울릴 수 있는 기회를 제공해 주고 있습니다. 밝고 웃음이 많은 ○○라 금방 친해질 것 같아요. 가정에서도 유치원 생활에 대해 많은 칭찬과 격려를 해 주시면 감사하겠습니다.

☞ 논리적 사고를 하는 교사는? 그 이유는? 교사가 근거로 말한 내용을 찾아보세요.

- **동료 교사 및 교직원과 원활한 의사소통을 위해 논리적 사고가 필요하다.**

  유아교육기관에서 동료 교사 및 교직원들과 원에 대한 특정 사항에 대해 소통을 해야 할 기회가 많다. 가령 교사회의 시간에 본인의 의견을 제안해야 한다거나, 행사 주최 시 계획, 행사내용, 평가 등에 대해 논의해야 할 상황 등이다. 이런 상황에서 의견을 제시해야 하는 교사는 본인이 주장하고 싶은 내용에 타당한 논리적 근거를 제시하여 의견이 수용되거나 제안한 내용이 채택될 수 있도록 해야 한다.

2) 논리적 사고의 구성

논리적 사고는 논리적 사고 능력과 논리적 사고 성향으로 구성된다. 논리적 사고 능력은 인지적 측면, 논리적 사고 성향은 정의적 측면인데 이 둘은 서로 상보적인 관계로 이루어진다. 분석, 추론, 비판하는 논리적 사고 기술이 뛰어나더라도 제기된 주장에 대해 깊이 따지고 사고하려는 성향이 없거나 부족하다면 합리적으로 문제를 해결하기 어려울 것이다.

먼저 논리적 사고 능력이 무엇인지에 대해 알아보고 이어서 논리적 사고 성향에 대해서 살펴볼 것이다. 논리적 사고 능력은 비판적 사고, 분석적 사고, 추론적 사고로 나누어 설명하였다.

(1) 논리적 사고 능력

① 비판적 사고

비판적 사고는 듀이의 '반성적 사고(reflective thinking)'에서 비롯되었다. 반성적 사고란 학습자 스스로 질문을 던지고 자발적으로 정보를 찾아보는 능동적인 사고이다. 또 끈질기게 반성함을 통해 추론해 보고 그 이유를 제시함으로써 논증을 평가하는 과정이다. 따라서 비판적 사고란 어떤 주장이나 정보에 대하여 적극적으로 분석하고 종합하여 타당한 가치를 판단하기 위한 능동적인 과정이다. 따라서 논리적 사고의 포괄적인 개념으로 볼 수 있다(홍혜인, 2015). 비판적 사고 능력에 명료성, 적절성, 연관성, 효용성, 공정성이 있다. 각각의 개념과 예를 박찬옥 외(2018)는 다음과 같이 설명하고 있다.

❖ 사용한 예시

실수로 친구 인형의 옷을 찢었을 때, 사실대로 잘못을 털어놓을 것인가, 숨길 것인가에 대한 토론 상황

가. 명료성

사고하려는 주제와 진술의 내용이 무엇인지 분명히 지각하는 능력이다. 감정, 기분, 소원을 나타내는 표현적(expressive) 언어와 옳고 그름과 관련한 인지적(cognitive) 언어를 분별하고 명료하게 사용할 수 있어야 한다.

예) "나는 잘못을 숨기는 것은 **조금 나쁜 것 같아.**"
→ 명료한 표현이 아니다.

나. 적절성

적절한 근거를 갖추고 주장에 대한 올바른 평가를 내릴 수 있는 능력이다. 증거의 사용에 있어서 관련성, 신뢰성, 충분성, 반증 가능성을 검토하여 증거를 제시해야 한다.

예) "친구에게 솔직히 말하지 않으면, 친구가 더 화를 낼 수 있어.
그냥 그럴 것 같아." → 주장에 대한 근거가 될 수 없다.

다. 연관성

낱낱의 관념들을 서로 맞물리면서 조화를 이루게 하고 연결하는 능력이다. 적절한 논증을 찾아 의미를 이해하고 구조와 기본 원리를 파악하는 것이 중요하다.

예) **"나는 예전에 동생한테 껌을 주기 싫었는데, 그냥 동생이니까 다 준 적이 있어. 그래서 마음이 너무 속상했어."**

→ 진행되고 있는 주제와 연관성이 없는 경험을 이야기하고 있다.

라. 효용성

정보나 견해가 현실적인 기준에 비추어 보았을 때 얼마나 유용한가를 평가하는 능력이다.

예) **"친구 몰래 집에 가져가 엄마한테 인형 옷을 꿰매 달라고 하면 돼."**

→ 현실적으로 유용하지 않은 방법을 말하고 있다.

마. 공정성

내용의 일반화가 가능한가를 판단하는 능력이다. 어떤 사고나 표현이 다른 사람이 수용할 수 있는 내용인가를 판단할 수 있어야 한다.

예) **"인형 옷을 찢었다고 친구한테 말하면 친구가 화를 낼 테니까, 말하지 말고 그 대신 친구한테 예쁜 인형도 사 주고 목걸이도 사 주면서 잘해 주면 돼."**

→ 사실을 숨기려는 생각은 공정하지 못하기 때문에 모든 사람이 수용할 수 없다.

② 분석적 사고

문제를 바르게 인식하여 구성 요소들로 자세히 나누어 구분하고, 사실에 근거한 정보를 수집하여 객관적, 보편적, 합리적으로 분류하고 분석하여 해결 방안을 이끄는 사고이다. 비판적 사고 능력은 문제인식력, 정보수집 및 조직 능력, 이를 분류, 분석하는 능력이다.

가. 문제인식력

'지금 나에게 생긴 문제는 무엇인가?'에 대해 정확하게 파악하고 인식하는 것이다.

그래야만 문제를 해결하기 위한 목표가 설정되고 구체적인 해결 방안을 모색할 수 있다.

나. 정보수집 및 조직 능력

홍수같이 쏟아지는 많은 정보 속에서 정확하게 인식한 문제를 해결할 수 있는 정보를 선택하여 수집하고 그를 조직하는 능력이 필요하다.

다. 분류·분석 능력

수집하고 조직해 놓은 정보를 활용하기 쉽도록 기준이나 준거에 따라 분류하고 분석하는 능력이 필요하다. 순화화하기, 분류하기, 비교하기, 대조하기, 정의하기, 요점 파악하기 등이 필요하다.

③ 추론적 사고

문제 해결을 위해 문제를 파악하고 기존에 알고 있는 지식과 객관적으로 입증 가능한 정보와 자료를 통합하여 새로운 하나의 결론을 이끄는 사고 과정이다. 추론적 사고에는 연역적 추론, 귀납적 추론 능력이 필요하다.

가. 연역적 추론

이미 알고 있는 판단을 근거로 다른 판단을 유도하는 추론 방법으로 전제(일반적인 사실)로부터 논리적 추론을 통하여 새로운 결론을 이끄는 방식이다. 삼단논법이 대표적이다.

예) '사람은 언젠가 죽는다.'
'나도 사람이다.'
'따라서 나는 죽는다.'

즉, '사람은 언젠가 죽는다.'라는 일반적인 사실로부터 추론을 통해 새로운 결론을 이끄는 것이다.

나. 귀납적 추론

개별적인 사실이나 현상에서 공통점을 찾아내어, 그것을 전제로 일반적 원리를 이끄는 추론 방법이다. 즉, 경험적인 근거를 바탕으로 한 사실명제를 전제로 한다.

예) **'번개가 치고 난 후 천둥이 친다.'**라는 사실 경험이나 현상을 통해서 또 번개가 치는 순간이 오면 **'곧 천둥이 칠 것이다'**라고 추론할 수 있다.

(2) 논리적 사고 성향

논리적으로 사고하고자 하는 성향, 즉 정의적인 특성이다. 논리적으로 사고하려는 성향, 어떠한 주장이나 근거에 대해 깊게 생각하고자 하는 경향으로 비판적 사고와 분석적 사고의 성향을 포함한다. 신중성, 개방성, 호기심, 인내심, 자기규제성, 자신감, 체계성, 객관성 등이 이에 속한다. 박찬옥 외(2018)가 정리한 논리적 사고 성향의 내용 및 특성, 윤진(2004)이 정리한 비판적 사고 성향의 내용 및 정의에 대해 정리하였다.

〈표 1〉 논리적 사고 성향의 구성

구분	개념
진실 개방성	• 발견한 내용이 자신의 이익이나 선입견에 반하더라도 사고를 정직하고 객관적으로 수행하려는 성향 • 논쟁에서 이기려 하기보다 진실을 추구하려 하고 오랜 신념을 버리는 두려움을 기꺼이 극복하고자 하는 성향
신중성	• 성급하게 판단하거나 결정하지 않고, 판단에 앞서 신중하게 생각하는 성향 • 타당하고 충분한 근거가 확보될 때까지 판단을 보류하고 끈기 있게 정확한 결과를 추구하는 태도
개방성	• 자기 자신이 편견을 가지고 있을 가능성을 민감하게 고려하면서 다양한 견해에 대해 알고자 하는 성향. 다른 사람의 의견을 이해하거나 타인의 비판에 대해 열린 마음을 가지려 함 • 소수의 의견도 존중하고 고려하며, 대다수 문제의 정답이 하나가 아닐 가능성을 인정하려는 성향
지적 열정 및 호기심	• 다양한 문제에 대해 관심과 호기심을 가지는 성향 • 넓은 범위의 이슈들에 대해 끊임없이 호기심을 가지려는 성향 • 배움에 열망이 있으며 문제에 대한 해답을 탐색하고 사건의 원인과 설명을 구하기 위해 누가, 언제, 어디서, 무엇을, 왜, 어떻게 등에 관한 질문을 제기하는 태도
인내심	• 끝까지 포기하지 않고 생각하는 성향 • 문제가 해결될 때까지 생각하고 적절한 정보를 찾을 때까지 부지런히 노력하려 함
자기 규제성	• 쟁점의 핵심에서 벗어나지 않기 위해 자기 자신의 사고 과정을 점검하고 관리하는 성향
자신감	• 자신의 추론 과정을 믿으며 비판적 사고를 통해 타당한 결론을 이끄는 태도
체계성	• 논의하고 있는 문제의 핵심에서 벗어나지 않으며 조직적이고 순서 바르게 탐구하고 결론에 이르기까지 논리적 일관성을 유지하려는 태도
지적 공정성	• 열린 마음으로 진실을 추구하며 자신과 타인의 의견에 대해 공정하게 평가하려는 태도
건전한 회의성	• 일반적으로 받아들여지고 있고 사회적으로 인정받는 사실에 대해 의심하는 태도를 가지며 자신과 타인의 오류 가능성을 인정하고 의문을 제기하는 특성
객관성	• 타당한 근거를 토대로 결론을 도출하려고 하며 증거와 이유가 충분할 때 입장을 정하려는 태도

함께 해보기

❶ 유아교사에게 논리적 사고가 필요한 이유는 무엇이 있을까?

❷ 최근 논리적 사고를 했던 경험을 이야기해 보자(상황 제시).

2.

창의적 사고

1) 창의적 사고의 개념 및 필요성

21세기는 정보화 시대이다. 바로 지금이 과거가 되는 것처럼 하루하루가 빠르게 변화되면서 다양한 지식과 기술은 계속 변화한다. 이러한 변화는 이미 존재하고 있는 지식과 정보 그리고 기술을 습득한 사람보다는 새롭고 참신한 지식과 정보, 기술력을 창조하고 활용할 수 있는 인재를 요구한다. 즉, 창의성을 겸비한 인재가 요구되는 것인데, 현대인이 갖추어야 할 중요한 소양으로 인식되고 있다. 창의적인 사람은 주변 세계에 대해 열려 있고 호기심이 많으며 자기만의 방식으로 상상하고 표현하며 탐구하면서 자신만의 독특한 생각을 한다. 최근 2019년 개정 누리과정에서도 추구하는 인간상으로 창의적인 사람을 강조하면서 '호기심과 탐구심을 가지고 상상력과 창의력을 기른다'를 목표로 두고 있다. 빠르게 변화하는 미래 사회에 대응하고 창의적인 유아를 양성하기 위해 창의성 교육이 필요하다.

창의성이란 '새로움'과 '적절성'의 요소를 충족해야 한다(박찬옥, 2018). 여기서 '새로움'이란 독창적, 독특한, 새로운, 신선한, 예기치 못한 의미를 내포한다. '적절성'이란 유용한, 구체화된, 가치 있는, 의미 있는, 과제 조건을 충족시키는 의미를 내포한다. 또한 창의성은 '인간 삶의 질적 수준을 향상시키는 데 도움이 되고 가치 있는 문화 특성이나 문명이기를 창출해 내고자, 자연 현상이나 삶의 세계에 대하여 새로운 시각에서 통찰하거나 융통성 있는 발상의 전환과 사고의 전환을 통해 가치 있는 지적 · 과학적 · 문화적 아이디어와 산출물을 생산해 낼 수 있는 능력'이다(한국교육개발원, 2006). 이를 종합적으로 정리하면, 창의성이란 참신하고 새로운 다른 방법으로 사고하며, 다른 사람과 다른 독특하고 독창적인 해결책을 생각해 낼 수 있는 능력이다.

창의성과 관련하여 본 저자의 유치원 교사 시절에 창의적인 독특한 아이디어를 제안한 한 유아의 에피소드가 떠올랐다. 그 시절 만 5세 유아를 맡고 있었고 교실의 생활주제는 '기계와 도구'였다. 우리 주변에서 사용하는 도구들을 살펴보고 그들의 편리함과 불편함에 대해 이야기 나누기를 하였다. 그런 다음 불편함을 해소하기 위한 창의적인 아이디어를 발휘해 새로운 발명품을 만들어 보는 시간이었다. 그 때 유아 수준에서 다음과 같은 재미있고 참신한 아이디어를 산출하였다.

<table>
<tr><td rowspan="2">유아</td><td>상황) 주방에서 접시 등 설거지를 하기 위해 고무장갑을 끼고 수세미에 세제를 섞어 거품을 낸 후 접시를 깨끗하게 세척한다.
새로운 아이디어: 고무장갑 한쪽에 수세미를 조그맣게 잘라 붙인다. 그러면 굳이 수세미를 별도로 사용하지 않아도 장갑만 끼고서도 세척이 가능하다.</td></tr>
<tr><td>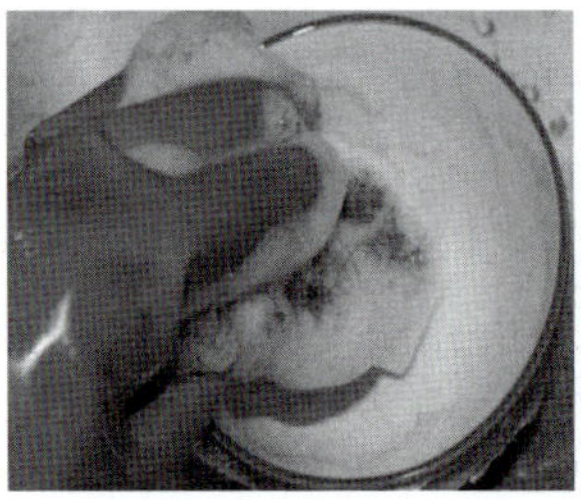
고무장갑 + 수세미 + 세제
→ 일체형(고무장갑에 수세미)</td></tr>
</table>

그 외에도 날마다 할머니께서 ("리모컨 아까 바로 옆에 있었는데 어디 있지?") 하시면서 텔레비전 리모컨을 찾아다니신다고 리모컨을 소파 팔걸이에 붙여 놓는 방법에 대한 아이디어를 낸 유아도 있었다. 유아들은 창의적으로 사고할 수 있는 기회를 통해 저마다 독특하고 참신한 생각을 말한다. 영유아 시기 창의적 사고를 할 수 있는 다양한 교육이 시작될 수 있도록 유아교사가 먼저 창의적인 사고를 해야 할 필요가 있다.

왜 유아교사에게 창의적 사고력은 필요할까?

- **유아교사 자신의 삶의 질을 높이기 위함**

  유아교사 자신이 가지고 있는 기존의 사고방식이나 틀에 박힌 형식에서 벗어나 당면한 문제를 새로운 방향과 시선에서 문제점을 파악하고, 해결하려는 자세를 가진다.

- **2019년 개정 누리과정에서 추구하는 인간상인 "창의적인 사람"을 육성할 교사**

  누리과정을 통해 유아는 호기심과 탐구심을 가지고 상상력과 창의력을 길러 창의적인 사람으로 성장해야 한다(2019년 개정 누리과정 해설서). 따라서 유아교육기관에서 유아가 주변 세계에 대한 호기심을 가지고 자유롭게 상상하며, 융통성 있는 발상의 전환을 지원해야 한다. 또한 새로운 일에 대해 도전 정신을 가지고 미래 사회에서 요구하는 독창적인 능력을 기를 수 있도록 해야 한다.

- **즐겁고 행복한 '창의적인 교실' 환경을 조성할 교사**

  창의적인 교실이란 창의적인 유아와 창의적인 교사의 만남을 통한 즐겁고 행복한 교실을 의미한다(김호, 2009). 유아의 창의성은 여러 경로를 통해서 영향을 받을 수 있지만, 유아와 교사가 함께 하는 창의적인 수업을 통해서 영향을 받는다(김호, 2013에서 재인용). 이때 유아교사의 창의적인 생각이 표현되고 이 표현들이 유아들과 공유되어 유아의 창의성 촉진에 도움이 될 수 있다.

창의적인 교실 환경 조성 부분의 원고를 쓰다 보니 본 저자의 교사 시절에 시도한 내용이 떠올라 도움이 될 사례를 제시하였다. 본 저자는 유치원 교사 시절 창의성이 아주 풍부한 교사는 아니었다. 하지만 오랜 교사 생활 경험이 놀이상황이나 교실 상황에서 문득문득 새로운 아이디어가 생길 수 있도록 한 것 같다. 그래서 아래와 같은 내용을 시도했던 것 같다.

✣ 놀이상황

유치원 교실의 미술 영역에 색연필이 항상 놓여 있다. 가지각색 낱개의 다 사용한 색연필 각각은 플라스틱 재활용함에 놓인다. 교사(저자)는 바구니를 준비한 후 다 사용한 색연필을 모아두도록 했다. 아마 한 학기 정도 모았던 걸로 기억한다. 교사(저자)는 교사회의 시간에 다른 반에도 다 쓴 색연필을 모으도록 부탁을 했고 모아둔 색연필을 회수했다. 정확하게 모인 색연필 개수는 기억나지 않지만, 바구니 안에 꽤 많이 모였던 것 같다. 그리고 "이걸 가지고 무엇을 할 수 있을까?" 고민하면서 먼저 쌓기 영역에 놓았다.

좌측 색연필은 중심 부분과 끝의 돌리는 부분에 색깔이 표시되어 있다.

교사: 너희들과 동생반 친구들이 다 쓴 색연필을 이렇게나 많이 모았단다. 이 바구니를 쌓기 영역에 놓아 둘 테니 재미있게 가지고 놀아 보자.

유아: 처음에는 별로 관심을 보이지 않았다. 조금 시간이 지난 후 한 유아가 색깔별로 분류를 하기 시작하였다.
빨간색, 노란색, 파란색 등등
(유아들이 제일 선호하고 많이 사용했던 색깔이 가장 많았다.)

교사: 너희들이 색깔별로 분류를 했구나. 그럼 이번엔 분류한 색이 각각 모두 몇 개인지 세어 보자.

유아: 하나, 둘, 셋.... 세기 시작했다.
결국 빨간색은 총 21개, 노란색은 총 30개, 파란색은 총 15개 등등등

교사: 가장 많은 개수의 색깔은? 그 다음은.... 가장 적은 개수의 색깔은?
교사: 이번에는 묶음 수의 개념을 이해하도록 제안하였다.
(고무줄을 내주면서) 그럼 이번에 여기 이 고무줄로 10개씩 하나로 묶어 보자.
유아: 10개씩 고무줄로 묶기 시작했다.
유아1: 어, 이거(묶음으로 된 색연필) 블록처럼 보여. 아기 돼지 삼형제에 나오는 통나무집 만들 때 쓰는 것 같아.
유아2: 진짜 그러네. 그럼 우리 이거 가지고 집을 만들어 보자.

그 시절 저자는 단지 '그냥 버려지는 다 쓴 색연필을 가지고 재활용할 수 있는 방법이 없을까?' 하고 고민을 한 상황이었는데 다 쓴 색연필이 유아들에게 훌륭한 수학 관련 교구가 될 수 있을지는 상상조차 하지 못했다. 위의 사례에서 보듯이 유아들이 수 개념, 즉 수 세기, 묶음 수 세기, 분류하기, 자료 분석 등의 수학 개념에 대해 놀이를 통해 배울 수 있었다. 또한 묶어 놓은 색연필 묶음을 마치 블록처럼 활용해 미니 집 만들기(아기 돼지 삼형제의 통나무집)에 활용하여 쌓기 영역과 통합적 활동까지 연계되었다.

사례에서 보듯이 유아들의 상상력과 창의력은 무궁무진하다. 따라서 미래를 선도할 수 있는 창의적인 유아를 육성하기 위해 교사의 창의적인 교실 환경 조성을 포함한 창의적인 사고력을 배양할 수 있는 교사 양성과정이 필요하다.

2) 창의적 사고의 구성

창의적 사고는 확산적 사고와 수렴적 사고로 구성되는데, 그중 확산적 사고가 창의성과 밀접한 관련이 있다. 창의적 사고의 구성은 창의적 사고 능력, 창의적 성향으로 구성된다.

(1) 창의적 사고 능력

① 확산적 사고

확산적 사고란 하나의 문제에 대해 다양한 다른 해결(해답)을 찾을 수 있다. 사고의 유창성, 융통성, 독창성, 정교성의 요소로 구성된다. 창의적 사고의 핵심은 '아이디어를 생산'하는 발산적 사고에 있다. 다시 말하면 아이디어를 많이(many), 다양하게(varied), 독특하게(original) 그리고 정교한 것을 (깊게) 생산해 낼 수 있을수록 창의적이다(홍혜인, 2015). 확산적 사고 요소에 대한 개념은 〈표 2〉에 제시하였다.

〈표 2〉 확산적 사고 개념

요소	개념
유창성	• 생성해 낼 수 있는 아이디어의 수, 즉 가능한 많은 양의 아이디어를 산출해 내는 능력 • 많은 아이디어 중 유용하고 효과적인 아이디어가 포함될 가능성이 높음
융통성	• 고정적인 사고방식을 변환시켜 다양한 해결책을 찾아내는 능력 • 사고가 융통성이 있을수록 아이디어가 사람들에게 미치는 효과성이 큼
독창성	• 일반적인 것에서부터 벗어나 생성해 내는 아이디어가 다른 사람이 만들어 낸 것이 아닌 기발하고 독특한 것, 참신성을 의미함 • 아이디어의 희귀성이라고 함

요소	개념
정교성	• 생성해 낸 아이디어가 얼마나 자세하고, 세부적이고 구체적으로 표현하는 능력 • 사고가 피상적인 수준에 머물지 않고, 보다 세부적으로 나아갈 수 있으며 아이디어가 창의적일 가능성이 큼

② 수렴적 사고

수렴적 사고는 문제를 해결하는 방식으로 가능한 해결책을 모색해 나가는 능력이다. 수렴적 사고 요소에 대한 개념은 〈표 3〉에 제시하였다.

〈표 3〉 수렴적 사고 개념

요소	개념
논리 및 추론	• 경험적 증거나 타당한 논리를 근거로 사고의 전개에 있어 전후 관계가 일치하도록 하는 능력
분석	• 언뜻 보기에는 하나처럼 통일되어 보이는 개념이나 사물을 그 속성이나 요소로 분해하여 이해하는 능력
종합	• 나열되거나 대립하고 있는 사물의 개념을 통일시켜 하나의 의미로 정립시키는 능력

출처: 박찬옥 외(2018). 유아교사를 위한 논리 · 창의교육. p.35.

(2) 창의적 사고 성향

창의적 사고 능력을 갖춘다고 해서 실제로 창의적 사고를 매번 잘한다고 말할 수 없다. 창의적 사고를 하고자 하는 마음가짐, 성향과 같은 정의적인 측면이 필요하고 중요하다. 창의적으로 사고하려는 성향이란 가치가 있으면서 독창적인 아이디어를 생산해 내는 과정에서 나타나는 태도, 호기심, 자발성 등을 의미한다. 학자마다 창의적 사고의 성향을 〈표 4〉와 같이 제시하였다.

〈표 4〉 창의적 사고의 성향

학자	창의적 사고의 성향
Guilford(1950)	독립성, 자율성, 자기 긍정성, 자기 수용성, 모험성, 용기, 풍부한 상황
Torrance(1988)	개방성과 관용성, 호기심과 도전성, 융통성, 자신감과 성취 의욕, 유머 감각, 자신에 대한 파악, 내향성, 독립성, 자율성
하주현(2000)	호기심, 자기 확신, 상상, 인내, 집착, 유머감, 독립성, 모험심, 개방성
임선하(1999)	호기심, 탐구심, 자신감, 자발성, 정직성, 개방성, 독자성, 집중성
박찬옥 외(2018)	개방성, 과제 집착력, 호기심, 자발성, 자기 신뢰감, 민감성

함께 해보기

❶ 유아교사에게 창의적 사고가 필요한 이유는 무엇이 있을까?
❷ 최근 창의성을 발휘했던 경험을 이야기해 보자(상황 제시).

3. 논술

1) 논술의 개념 및 필요성

논술이란 어떤 주제에 대한 의견을 논리에 맞게 말하거나 적는 것을 말한다(국립국어원, 2021). 고정곤 외(2017)는 논술이란 특정 주제나 문제에 대한 **해결 방안**을 상대방에게 설득시키기 위하여 자기 의견이나 주장을 **논리적이며 창의적**으로 구성한 **말**이나 **글**이라고 보았다. 또한 논술은 우리가 생각하고 있는 바를 논리에 따라 글로써 그 근거를 제시하면서 표현하는 것이다. 논리와 논술은 그 정의에서처럼 서로 연결되어 있으며, '논리적인 사고'를 떠나 논술을 할 수 없다(정대련, 2016).

학자마다 논술의 개념 속 핵심 단어를 살펴보면, '논리적, 창의적' '주장', '문제 해결 방안', '설득', '타당성', '증명', '말이나 글'이 핵심이다. 이미 앞에서 논리적, 창의적 사고의 개념과 구성에 대해 살펴보았다. 따라서 논술이란 **어떤 주제에 대해 논리적, 창의적으로 사고하여 문제를 해결할** 수 있는 방법을 찾고 그 방법에 대해 타당성을 증명하여 상대를 설득하는 말 또는 글이라 정의할 수 있다.

한편 논술의 성격에 대해 박은영(2010)은 다음과 같이 제시하였다.

- 확산적 사고를 바탕으로 문제를 발견하는 사고 과정으로서 논술
- 문제를 조직화하고 그 해결 가능성을 논리적으로 모색하는 과정으로서 논술
- 논리 전개의 객관성을 유지하기 위한 논리적 사고의 과정으로서 논술
- 어떤 문제를 그와 관련된 여러 사항과의 상호 연관 속에서 파악함으로써 문제의 전 국면을 종합적으로 생각하는, 합리적 사고가 객관적 논의 과정을 거쳐, 그 결과를 언어로 표현하는 과정으로서 논술
- 논리적 글쓰기로서의 논술

무엇보다도 논술에서는 논증과 설득이 중요하다(정대련, 2014). 논증이란 글쓴이가 주장한 의견이나 신념에 대해 옳고 그름을 근거나 이유를 들어 밝히는 것이다. 설득이란 글쓴이가 주장한 의견이나 신념에 대해 옳다는 객관적인 근거 유무와 상관없이 상대방의 공감을 얻어내 의견이나 신념을 따르도록 하는 것이다.

이와 같이 논증과 설득력이 뒷받침되는 논술의 형태는 말이나 글이라는 언어로 표현된다. 말로 논술한다는 것은 사실을 근거로 하여 청자로부터 공감을 얻어내는 것이다(정대련 2014). 글을 쓴다는 것은 객관적인 사실을 근거로 하여 독자로부터 공감을 얻어내는 것이다. 따라서 논술교육이란 어떤 의견, 주제에 대해 자신의 의견이나 주장을 논리적으로 잘 표현할 수 있도록 쓸 수 있거나 말할 수 있도록 하는 교육이다. 결국 논리가 중심이 된 논술교육이라 말할 수 있다. 바람직한 논술교육의 기본 요건을 6가지로 제시하였다(노호원, 2007).

바람직한 논술교육의 5가지 기본 요건은 무엇일까?

- 논술은 쓰기부터 지도할 것이 아니라 **읽기부터 지도**해야 한다.

학생들에게 충분한 읽기 자료를 제시하고 다른 사람의 다양한 이야기를 들을 수 있는 기회를 마련해 주어야 한다. 그리고 다른 사람과 대화를 통해 서로의 생각을 교환하도록 하여 자신의 생각을 정리할 수 있도록 해야 한다.

- 논술은 **세상을 바라보는 올바른 시각**을 키워 주는 것이다.

사회 전반적으로 쟁점이 되는 문제들을 끄집어내고, 그 문제들을 올바른 시각에서 바라보고 비판할 수 있는 힘을 기르도록 해야 한다. 사회 구조 전반을 바꿀 수는 없지만, 대중문화를 수용할 때 옳고 그른 것을 분별하여 수용할 줄 아는 안목을 기르도록 해야 한다는 것이다.

- 논술은 학생들의 **창의성을 키우도록** 도와주는 것이다.

현대사회에서 요구하는 인간상은 다른 사람과 차별화된 사고를 하는 사람, 즉 독창적이면서 풍부한 아이디어를 가진 사람이다. 따라서 사회 현상의 이면(裏面)에 숨어 있는 모습들을 볼 수 있도록 사고의 폭을 넓혀 주고 학생들의 닫혀 있는 사고의 틀을 깰 수 있도록 지도할 필요가 있다.

- 논술문을 잘 쓰기 위해서는 **글쓰기를 자주** 하도록 한다.

거창한 글쓰기가 아닌 짧은 글쓰기를 자주 하는 것이다. 구체적인 방법으로 일기장 한 권을 마련하고 매일 한 명씩 돌아가면서 본인이 쓰고 싶은 이야기나 다른 친구들 또는 선생님에게 하고 싶은 이야기를 쓰도록 하고 하단에 일정한 공간을 마련하여 교사나 학생들이 답글을 쓰도록 한다. 이와 같은 방식은 글쓰기를 두려운 존재로 인식하기보다는 오히려 글쓰기와 친숙해질 수 있을 것이다.

- 논술문을 잘 쓰기 위해서는 **문장 쓰기부터** 지도해야 한다.
  학생들이 쓴 글을 보면 가끔 어법에 맞지 않은 글을 쓴다. 하나의 문단은 하나 이상의 문장들이 모여서 이루어지며 또, 한 편의 글은 한 개 이상의 문단들이 모여서 이루어지기 때문에 글의 하위 단위인 문장 쓰기부터 지도하는 것이 필요하다.

왜 유아교사에게 논술교육은 필요할까?

- 사회 전반에 걸친 다양한 이슈에 대한 올바른 시각을 가져야 한다.
  우리나라뿐만 아니라 전 세계가 정치, 경제, 사회, 문화, 교육 등 사회 전반에 많은 이슈가 넘쳐난다. 이 이슈들에 대해 문제점을 찾아 비판적 사고를 하여 말이나 글로 표현할 수 있다.

- 유아교사들은 유아기 사고 능력 배양의 중요성을 간과하는 경향이 있다. 현장 교사들에게 논리 및 논술교육에 대한 이해가 부족한 것으로 보인다. 왜냐하면 논술을 유아에게 가르치기란 너무 발달 수준에 맞지 않는다고 생각하는 경향이 있다. 하지만 유아의 발달 수준에 적합하게 다양한 교수 학습 방법을 활용한다면 얼마든지 가능하다.

- 논술교육을 위한 다양한 활동을 유아에게 제공하기 위해서 필요하다.
  유아의 연령과 발달에 적합하고 정의적인 측면을 고려하여 흥미롭고 다양한 활동 경험을 제공해 주기 위함이다.

2) 논술의 구성

논술이란 어떤 주제에 대해 논리적, 창의적으로 사고하여 문제를 해결할 수 있는 방법을 찾고 그 방법에 대해 타당성을 증명하여 상대를 설득하는 말 또는 글이다. 논술의 목적은 문제를 해결하기 위함이고 문제를 해결하기 위해 논리적, 창의적 사고가 필요한 것이다. 이에 논술을 잘하기 위해 비판적 읽기, 창의적 문제 해결 능력, 논리적 서술 능력이 필요하다(김영정, 2006). 또한 논술과 비판적 사고와 관련성에 대해 한상기(2007)는 비판적 읽기를 한 후 문제 해결을 할 수 있음을 제시하였다. 이러한 결과로 볼 때 논술의 가장 핵심적인 구성 요소는 문제 해결 과정이며, 문제를 해결하는 과정에서 논리적, 창의적 사고 및 비판적 읽기가 필요하다. 논리적 서술(글쓰기), 비판적 읽기는 Ⅳ장에서 구체적으로 다룰 계획이다. 그리고 여기서는 문제 해결 과정에 대해 다루도록 한다.

(1) 문제 해결 과정

문제 해결은 다양한 경험, 지식, 정보를 바탕으로 합리적, 직감적 사고를 통해서 효율적으로 문제를 해결하는 능력이다(국립국어원, 2021). Parnes(1999)는 문제 해결을 일상생활 속에서 장애나 어려움을 감지하고 그 문제에 관한 다양한 해결책을 선택하는 인지과정으로 정의했다. 문제 해결 과정을 문제의 발견 및 정의, 자료 탐색 및 해결 방안 발견, 실행과 평가의 단계로 보기도 하며, 문제 발견(identify), 문제 정의(define), 가능한 해결책의 탐색(explore), 해결책의 실행(act), 해결책의 효과평가(look)의 5단계로 이루어진다고 보았다(Bransford & Stein, 1984). 문제발견 및 정의 단계에서는 문제 상황을 정의하기 위해 정보를 수집하여 문제가 무엇인지 정의한다. 해결책 탐색 단계에서는 문제 상황에 대해 한 발짝 떨어져서 다른 일들을 생각해 보거나 숙고 과정을 통해 해결 방법을 찾아본다. 해결책의 실행은 찾은 해결 방법을 실행에 옮기는 단계이다. 마지막은 실행한 해결 방법의 효과성에 대해 평가하는 단계로 문제를 다양하게 해결하려면 다양한 아이디어가 요구된다. 다양한 아이디어가 요구되는 것은 일반적인 문제 해결 과정과 다른 점이다. 이러한 측면에서 창의적 문제 해결이 필요하다고 볼 수 있다. 문제를 해결하기 위해 다양한 아이디어가 필요한 것과 동시에 문제를 해결하는 과정에서 어려움이 있다 하더라도 이 과정을 끝까지 인내심을 가지고 해결하려는 의지도 필요하다. 즉, 문제 해결 과정에 창의적 사고 능력과 성향이 모두 필요하다. 이러한 관점과 논술의 개념적 측면에서 문제를 해결하는 것은 논리성과 창의성이 모두 포함된다는 전제가 유추된다. 이러한 전제를 기반하여 문제 해결을 논리와 창의성을 교육시키는 방법으로 제시하기도 하면서 '문제의 발견 및 정의', '자료 탐색 및 해결안 발견', '실행 및 평가'의 단계로 설명하였다(박찬옥 외, 2018). 또 창의적 문제 해결 과정을 문제의 발견, 아이디어의 발견, 해결책 발견, 해결책 확인으로 이루어진다고 보았다(송해덕, 2007). 여기서 창의적 문제 해결 과정에 대해 구체적으로 살펴보고자 한다.

(2) 문제 해결을 통한 논리와 창의적 사고

하나의 당면한 문제를 창의적으로 해결하는 과정에서 그림 2와 같이 논리적 사고와 창의적 사고의 상호작용 과정이 필요하다.

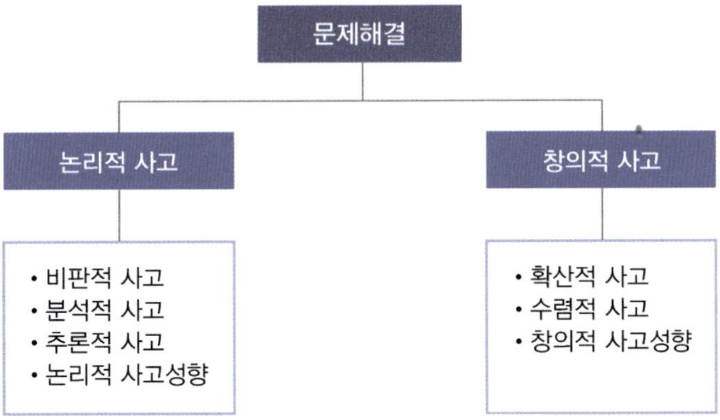

[그림 2] 문제 해결 과정에서 논리적, 창의적 사고의 상호작용

문제를 해결하기 위한 요소들이 비판적 사고, 분석적 사고, 추론적 사고, 논리적 사고 성향으로 구성된 논리적 사고와 확산적, 수렴적 사고와 창의적 성향으로 구성된 창의적 사고에서 추출이 가능하다. 따라서 박찬옥 외(2018)가 제시한 요소에 본 교재에서 제시한 분석적 사고의 요소를 추가해서 〈표 5〉에 제시하였다.

〈표 5〉 문제 해결을 위한 논리적, 창의적 사고 요소

구분		요소
논리적 사고	비판적 사고	• 문제와 개념 명료화하기(문제 파악하기) • 오류 찾기 • 어떠한 사실이나 상황의 옳고 그름과 좋고 나쁨을 가려내기 • 요점과 요지 및 의도 파악하기 • 최선의 해결 방안 선정하기 • 결정된 입장 시각화하기 • 다양한 해결 방법을 비교 · 분류 · 대조하기 • 논리적 근거 찾기 • 결과 예측하기 • 분명하고 설득력 있게 표현하기 • 적용하고 평가하기

구분		요소
	분석적 사고	• 문제점 정확하게 인식하기 • 정보 수집 및 조직 능력 • 분류 · 분석 능력(순서화하기, 분류하기, 비교하기, 대조하기 등)
	추론적 사고	• 나열되어 있는 개념을 하나의 의미로 종합하기 • 원인과 결과 관계 분석하기 • 논리를 근거로 추론하기
	논리적 성향	• 판단 유보하기 • 개선안 제시하기 • 반대되는 주장이 있을 가능성 따져 보기 • 정직하고 객관적으로 생각하기 • 다양한 문제에 관심과 호기심 갖기 • 끝까지 포기하지 않고 문제를 해결하기
창의적 사고	확산적 사고	• 다양한 시각으로 상황과 문제 조망하기 • 주어진 정보를 기초로 상상하기 • 가능한 많은 양의 아이디어 산출하기 • 고정적인 사고방식을 변화시켜 다양한 해결책 찾아내기 • 기존의 사고에서 탈피하여 희귀하고 참신한 아이디어나 해결책 산출하기 • 아이디어를 정교하게 다듬어 발전시켜 표현하기 • 다양한 표현하기
	수렴적 사고	• 어떤 장면이나 상황에 대해 스스로 문제 제기하기 • 실행 후 발견된 문제를 해결할 수 있는 방법 생각하기 • 개념이나 사물을 그 속성이나 요소로 분석하기 • 사건의 전후 관계 따져 보기 • 개념을 통일해 하나의 의미로 정립하기
	창의적 성향	• 당연하게 받아들여졌던 사실에 대해 의문 품기 • 새로운 가능성을 탐색하기 • 문제가 해결될 때까지 끈질기게 물고 늘어지기 • 문제 상황에 적극적으로 대처하기 • 자신의 아이디어의 가치를 인정하기

〈표 5〉에서 제시한 논리 · 창의적 사고 요소는 Ⅵ장 실제 편에 제시된 교사의 발문에 집중한 활동계획을 참고하면 각 요소의 내용을 잘 이해할 수 있을 것이

다. 또한 교사의 발문에 집중한 활동을 계획할 때 발문 내용에 가장 적합한 논리·창의적 사고 요소를 찾아봄으로써 각 요소에 대해 정확하게 이해할 수 있다.

한편 창의적 문제 해결의 과정은 문제의 발견 및 정의, 자료 탐색 및 다양한 해결안 발견, 실행 및 평가의 절차로 이루어진다.

① 문제의 발견 및 정의

문제 상황에서 문제가 정확하게 무엇인지를 인식하여 찾아내야 한다. 누구나 문제 상황에서 문제가 정확하게 무엇인지를 인지하는 것은 한 번에 이루어지지 않는다. 여러 각도에서 생각해 보고 나에게 스스로 '더 이상의 문제는 없을까?', '지금보다 더 좋은 방법은 무엇일까?' 평소에 물어보는 습관을 들이도록 해야 한다. 꼼꼼하게 문제 상황에 대해 생각해 보고 가장 정확하게 인식한 문제에 대해 정의를 내리는 것이다.

② 자료 탐색 및 다양한 해결안 발견

문제가 정확하게 정의된 다음에는 해결하기 위한 자료를 탐색하는 과정이 필요하다. 다양한 경로를 통해 찾은 자료를 탐색하는 과정에서 다양한 창의적인 아이디어가 생성된다. 여기서 생성된 다양하고 창의적인 아이디어 중에서 문제를 해결할 수 있는 적절한 해결책을 선택할 때 논리적 사고가 요구된다.

③ 실행 및 평가

적절한 해결 방법을 실행에 옮기는 단계인데, 선택한 해결 방법이 단숨에 적용되어 해결되지 않는 한계가 발생할 수 있다. 한계가 왔다고 문제 해결을 포기하지 않는 인내심과 같은 창의적 성향이 필요하다. 창의적 성향과 같은 정의적 특성이 바탕이 되어 한계점을 극복하기 위한 창의적 사고가 가능하다. 한계점이 무엇이며 그 한계를 극복하기 위한 다양한 방법에 대한 근거를 밝히는 데 논리적 사고가 요구된다.

해결 방법을 실행한 다음에 그 효과성을 확인하는 과정이 필요하다. 문제 해결이 만족스러웠다면 문제 해결 과정은 종결되겠지만 반대의 결과로 확인된다면 다시 창의적 문제 해결 과정의 처음으로 되돌아가 문제의 발견 및 정의부터 차근하게 진행해야 한다.

Ⅱ

유아기 사고

Ⅱ. 유아기 사고

인간은 사고하는 기능을 가지고 있다. 따라서 유아도 사고한다. 유아 시기는 지속적으로 인지발달이 이루어지는 시기이므로 사고에 대한 정의나 그 깊이나 넓이에 대한 내용이 광범위하게 다루어질 수밖에 없다. 이 책에서 사고력을 크게 논리적 사고, 창의적 사고로 구분하여 살펴보았기 때문에 유아의 사고 또한 논리적 사고, 창의적 사고 측면에서 살펴보도록 한다.

1.

논리적 사고

영유아는 인지적 활동과 사고를 통해 세상을 알아가는 능력이 생긴다. 인지는 정신적 사고 과정을 의미하는 광범위한 개념이다. 피아제(piaget) 이론에서 도식과 더불어 성숙과 경험을 발달의 요인으로 보고, 발달을 위해 성숙을 기본 전제로 하여 물리적 경험과 논리 · 수학적 경험을 강조하였다. 피아제(piaget)가 밀한 지식에는 물리적 지식과 논리 · 수학석 지식이 있다. 유아교육에서 물리적 지식, 논리 · 수학적 지식을 경험하는 영역은 대부분 자연 탐구 영역에서 가능하다. 물리적 지식이란 사물의 외적 특성을 아는 것으로 유기체가 어떤 물건에 대한 행동을 하고 그 반응을 통해 그 물건의 속성을 알아가는 것이다(김유정, 2006). 즉, 경험의 원천이 사물에 있다.

한편 논리 · 수학적 지식이란 물체와 물체 사이에 서로 다른 물리적 특성을 관찰하여 관련짓는 것으로 유기체가 물체에 대한 반성적 사고를 통해 얻게 되는 것을 의미한다(김유정, 2006). 즉, 유아가 사물 간의 유사점과 차이점을 찾아서 분류기준에 의하여 나누어 그룹 지을 수 있으며, 서열화하여 상대적 차이에 의해 순서화해 봄으로써 논리 · 수학적 지식을 구성할 수 있다. 사물의 비교 · 분석을 통해 분류하면서 관계를 만들거나 규칙에 따라 순서 짓기나 행동과 사물의 반응을 관련짓는 등의 정신적 활동을 통해 사고를 구성해 간다(강영욱 · 이경화, 2008).

그리고 피아제(piaget)는 유아의 사고가 단계별로 발달한다고 밝혔다. 유아의 사고는 감각운동기, 전조작기, 구체적 조작기, 형식적 조작기 단계로 발달하며 각각의 단계에서 나타나는 사고의 특징을 설명한다. 유아기 전조작기(2~7세)의 사고는 어른의 사고와 차이가 있다. 이 시기 유아는 논리적으로 사고하지 못하며, 언어를 습득하면서 상징을 통해 표상하지만 이러한 상징도 지각이나 직관에 의존한다. 또 자기중심적인 사고와 물활론적 사고를 한다. 논리적 사고는 구체적 조작기에 가능하다고 보았다. 전조작기의 사고의 특징을 좀 더 구체적으로 살펴봄으로써 유아기 논리적 사고의 발달에 대해 이해를 도모하고자 한다.

〈표 6〉 피아제(piaget)의 전조작기 특징

전조작기(2~7세)	
전 개념 단계 (2~4세)	• 언어와 상징적 기능의 출현 • 자기중심적 사고 • 물활론적 사고
직관적 단계 (4~7세)	• 점차적으로 사물을 분류하는 단계이지만 이해하는 것은 아님 • 보존개념: 보존개념 미형성 단계 → 과도기 단계 → 보존개념 형성 단계로 거쳐 이루어짐 • 논리적 관계를 수의 개념에 사용하기 시작하여 물체의 개념을 획득하는 시기임 → 개념화의 능력이 확대되고 복잡한 정신적 표상이 가능하기 때문에 목적에 따른 행동을 하게 됨 → 논리적 사고와 관계있는 개념이 발달하게 됨

전조작기 유아의 논리적 사고는 개인에 따라 미세하게 나타날 수 있지만, 논리·수학적 경험을 기반으로 점차 논리적 사고를 가능하게 해 준다. 윤혜진(2012)은 삼단논법 내용 및 형태를 활용하여 유아기 논리적 사고를 형성할 수 있다고 밝히면서, 유아의 지식과 상상력이 논리적으로 추론할 수 있도록 매개 역할을 한다고 하였다. 또 연령이 증가할수록 독립적으로 추론능력을 사용할 수 있다. 따라서 유아기에 추론할 수 있는 상황, 삼단논법 내용 및 형태를 활용

한다면, 유아기에 논리적 사고가 형성될 수 있다고 하였다.

전조작기 유아는 논리 · 수학적 경험, 추론상황, 삼단논법 활용 등의 경험을 토대로 점차적으로 논리적 사고가 형성되기 시작하여, 구체적 조작기(7~12세)가 되면 논리적 사고가 가능하다. 전조작 시기의 자기중심적 사고에서 벗어나 탈중심적 사고로 바뀐다. 또 준거에 따라 사물을 분류할 수 있고 보존개념을 획득하여 원리를 이해할 수 있다.

따라서 유아교육 현장에서 유아기 논리적 사고를 증진시킬 수 있는 구체적인 문제 상황이나 구체물 활용, 삼단논법 상황 등 상황에 적합한 논리적 사고를 경험할 수 있는 기회를 충분히 제공해야 한다.

2.

창의적 사고

유아기는 창의성이 급격히 발달하는 시기이다(Torrance & Reynolds, 1977). 또한 Torrance(1963)는 창의성 계발에 필요한 유아의 상상력이 3~5세에 절정을 이룬다고 할 만큼 유아기 창의성 발달에 중요한 시기임은 분명하다. Torrance(1963)는 출생부터 6세까지 창의성 성장과 발달 특성을 다음과 같이 설명하였다.

〈표 7〉 창의성 성장과 발달 특성

연령	발달 특성
출생~2세	상상력이 발달하기 시작하여 다양한 방식으로 창의적 사고가 자극되어 발달됨
2~4세	자율성이 발달되어 직접 경험과 상상 놀이를 통한 체험 활동에 대하여 많은 표현을 할 수 있게 되고 호기심을 발달시킴
4~6세	초등학교에 입학하면서 상상력이 갑자기 감소하면서 창의성이 떨어짐

〈표 7〉과 같이 창의성은 유아기에 급속히 발달하지만 4세 이후에는 학교생활에 적응하면서 사회 문화적 제도의 영향으로 인해 오히려 학령기부터 창의성이 감소되는 현상이 나타난다.

유튜브 '놀이의 반란' 중 1편 '놀이: 아이의 본능' 편에서 유아들이 상상놀이 하는 장면이다.

1부 놀이, 아이의 본능 https://www.youtube.com/watch?v=B9HNv4BMPzY

출처: https://www.youtube.com/watch?v=B9HNv4BMPzY

이 장면은 만 4세 유아들의 상상놀이 장면이다.

○○: "야, 우리 이 보자기로 바닥에 강 만들고, 방석으로 징검다리 하자."
□□: "그러자."
하면서 보자기는 약속이나 한 듯이 강이 되고 색색의 방석은 징검다리가 되어 마치 유아들은 강 위에 징검다리를 신나게 건너고 있다.

이렇듯 유아기는 이와 같은 상상 놀이를 통해 창의적 사고가 발달하는 시기이므로 유아기 창의성 교육은 매우 중요하다.

유아기 창의성 교육은 왜 중요한가?

- 유아는 본질적으로 창의적인 존재이며 유아들의 사고방식이 유연하고 개방적이며 상상력을 가지고 사물을 보는 존재이다.
- 유아는 선천적으로 특정 영역에서 보다 뛰어난 재능이나 창의적 잠재력을 지니고 있으므로 유아교육 현장에서 다양한 영역의 능력과 흥미를 증진시킬 수 있는 풍부한 활동을 경험하는 것이 필요하다.
- 인간의 학습 및 문제 해결의 태도나 양식은 대개 유아 및 아동기에 학습되고 결정되므로 어려서부터 창의적으로 생각하고 학습하도록 배운다면, 청소년기나 성인기에도 창의적인 태도나 양식이 유지·발전될 가능성이 높을 것이다.
- 유창성이나 유연성 등은 유아기에 성인 못지않게 발휘된다.
- 창의성이 가지는 통합적인 특성이 미래 지향의 교육에 적합하다.

Ⅲ

유아의 사고력을 키우기 위한 교사의 지원

Ⅲ. 유아의 사고력을 키우기 위한 교사의 지원

1. 교사의 발문 및 기법

유아교육기관의 하루 일과 중 활동은 유아교사와 유아, 유아와 유아의 상호작용이 대부분이다. 그중 유아교사는 유아에게 특정 활동에 대해 질문하거나 발문을 통해 유아와 상호작용을 한다. 질문과 발문은 비슷한 것 같지만 다른 개념이다. 질문이란 알고자 하는 바를 얻기 위해 물음, 즉 모르는 것이나 알고 싶은 것을 묻는 것이다. 이에 비해 발문은 질문을 받은 사람이 스스로 다양한 사고를 하면서 답을 찾을 수 있도록 유도하는 질문이다(국립국어원, 2020).

✣ 9월 말경 유아들과 함께 가을 동산 산책 중에 감나무를 발견한 상황

교사: 얘들아! 저기 좀 봐 보자. 나무에 열린 열매 이름은?(질문)
유아: '감'이요
교사: 너희들 생각에 앞으로 저 감은 어떻게 될 것 같니? 또 감나무는 어떻게 변할까?(발문)
유아: 감이 떨어져서~~ 우리가 먹을 수 있어요.
벌레들이 먹어요.
딱딱한 감이 물렁해져요.
등등

위 감의 예시를 통해 질문과 발문의 차이를 잘 이해할 수 있을 것이다. 교사는 발문을 통해 유아의 경험과 사고를 학습상황에 맞도록 의미 있게 유도할 수 있고, 교육활동이 일어날 수 있도록 할 수 있다. 따라서 교사가 사용하는 발문은 학습이 일어날 수 있는 환경을 제공함으로써 유아들이 학습에 능동적이고 자발적으로 참여할 수 있는 기회를 제공하게 된다(Kintsch, 2005). 즉, 교사가 사용하는 효과적인 발문은 유아에게 학습에 대한 의욕을 고취시켜 자발적으로 탐구하거나 사고할 수 있도록 한다. 더 나아가 유아가 의식하고 있지 않았던 문제에 대해 다시 사고할 수 있도록 한다.

교사가 사용하는 발문이 유아의 사고력 증진과 관련성이 있음을 보여 주는 연구(Massey, Pence, & Justice, 2008; 정미라 외, 2010)들에 비추어 볼 때, 유아의 사고력 증진을 위해 교사의 발문 사용의 중요함과 필요성을 알 수 있다. 따라서 교사가 유아의 사고력 향상을 위해 다양한 유형의 발문을 효과적으로 사용해야 한다. 일반적으로 발문은 유아에게 요구하는 인지적 수준에 따라 크게 수렴적 발문과 확산적 발문으로 구분할 수 있다. 따라서 본 장에서 먼저 인지적 수준에 따른 발문을 살펴보고 Ⅰ장에서 다룬 사고(논리적, 창의적, 비판적) 촉진을 위한 발문에 대해 살펴보고자 한다.

1) 인지적 수준의 발문

Bloom(1982)은 인지적 목표 분류를 활용하여 발문을 6단계로 제시하였다. 이렇게 단계를 구분한 이유는 발문의 수준은 위계적인 성격을 띠고 있다. 발문 시 하위 단계로부터 시작되어야 한다. 지식과 기억이 있어야만 이해를 할 수 있고, 이해한 지식을 적용할 수 있으며, 적용했을 때 분석이 가능하며, 분석했을 때 종합할 수 있고, 비로소 종합이 완성되면 평가가 이루어질 수 있기 때문이다.

(1) 지식 기억 수준 단계

유아가 이전에 배운 내용을 단순히 기억해 내는 수준으로 새로운 정보를 습득하고 습득한 그 정보를 확실하게 본인의 것으로 정착시키도록 할 수 있다. 한편 교사는 인지 기억적 발문을 통해 유아의 인지적 수준을 확인하여 다음 활동계획에 반영할 수 있다.

- 식목일은 언제일까? 의미는 무엇일까요?

(2) 이해 수준 단계

유아가 전 단계에서 이해한 내용에 대한 정보나 의미를 설명하는 수준이다.

- 어제 배운 식목일의 의미는?

식목일은 나무를 심고 가꾸기 위해 해마다 4월 5일에 나무를 심도록 정한 날이다.

(3) 적용 수준 단계

새로운 상황에서 예전에 이해했던 내용이나 의미를 다양한 상황이나 생활에 활용하거나 적용하는 단계이다.

- 홍수 피해를 줄일 수 있는 방법은?
- 맑은 공기를 마실 수 있으려면?

(4) 분석 수준 단계

유아에게 비판적으로 사고할 수 있도록 요구할 수 있는 단계이다. 이유나 증거를 근거로 사용하여 주로 귀납법, 연역법을 사용할 수 있다.

- 홍수 피해를 줄일 수 있는 방법으로 "왜 나무를 심으면 될까?"

(5) 종합 수준 단계

분석에서 활용된 요소들을 나누거나 묶으며 새롭게 구성해 제시하는 수준으로 여러 개의 아이디어나 요소들을 결합하여 새로운 것을 창조하도록 하는 수준이다.

- 만약 나무를 심지 않거나 숲에 나무가 없다면?

(6) 평가 수준 단계

부각되고 있는 내용에 대해 유아의 의견을 말할 때, 비판적 기준들을 활용하여 근거와 합치 여부를 평가하는 수준이다.

- 꼭 홍수 피해를 줄이기 위해 나무를 심는 방법밖에 없을까? 그 이유는?

2) 논리적 사고력 촉진을 위한 발문

정미라 외(2010)의 연구에서 사용한 유아의 논리적 사고를 촉진시킬 수 있는 교사의 발문 4가지 유형을 제시하였다. 유아의 논리적 사고력 촉진을 위한 발문을 쉽게 이해하기 위해 다음의 상황 예시를 저자가 구성하였고 정미라 외(2010)가 사용한 발문 유형에 맞게 발문을 구성하여 내용을 제시하였다.

✤ 상황

유아1: 유아1이 좋아하는 토끼 인형을 가지고 "이 토끼 인형은 우리 가족이다."
유아2: "야, 어떻게 인형이 가족이야?"
유아1: "가족 맞거든."
유아3: "내가 키우는 루이 강아지도 우리 가족이다."

(1) **문제 핵심 파악하기**: 주어진 문제를 바르고 정확하게 알고 있는가를 묻는 질문

- 가족을 무엇이라고 말할 수 있을까?

(2) **이유나 근거 설명하기**: 근거를 요구하는 질문

- 왜 그렇게 생각했니?

(예: 왜 토끼 인형을 가족이라 생각했니? / 왜 루이 강아지를 가족이라 생각했니?)

→ 유아1: 나 심심할 때 토끼 인형 가지고 놀거든. 우리 아빠도 나 심심할 때 놀아 주니까. 아빠는 가족이니까 토끼 인형도 가족이지.

유아3: 나는 엄마한테 동생 만들어 달라고 하니까 루이 강아지를 입양해서 내 동생처럼 보살펴 주라고 했어. 그래서 가족이야.

(3) **상호관계를 파악하기**: 비교를 요구하는 질문

- 토끼 인형과 강아지 루이의 공통점과 차이점은?

(4) 근거대로 결론 도출하기: 결과를 예측하도록 질문

- 사랑하는 사람을 가족이라고 한다면 집에 있는 강아지 루이, 토끼 인형도 가족이 될 수 있을까?

3) 창의적 사고력 촉진을 위한 발문 및 기법

(1) 창의적 사고력 촉진을 위한 발문

수렴적 발문과 확산적 발문은 서로 상보적인 관계이다. 확산적 발문 이전에 수렴적 발문을 통해 학습자, 즉 유아의 현재 수준을 파악하여 폭넓은 사고를 하도록 확산적 발문을 적절히 사용한다. 인지적 단계에서 확산적 사고는 창의성을 자극하기에 유아의 논리적, 창의적 사고력을 증진시켜 줄 수 있다(고정권 외, 2017). 창의력을 촉진시킬 수 있는 발문은 예측하기 상황, 비교하기 상황에서 가능하며 그 외 문제 해결하기, 평가하기, 상상하기, 지식 적용하기, 일반화하기, 대안 제시하기의 방법으로 발문할 수 있으며 구체적인 예는 다음과 같다.

- **예측하기**
  제목만 보았을 때 어떤 일이 전개될지 생각해 보자.

- **비교하기**
  CD 동화를 반복적으로 듣고 난 후 그림책의 그림 장면을 상상해 본 내용과 들었던 CD 동화의 실제 그림책의 그림 장면을 비교해 보기

• **문제 해결하기**

이 문제를 해결하기 위해 우리는 먼저 무엇을 할 수 있을까?
이 문제를 어떻게 해결할 수 있을까?

• **평가하기**

너희들이 '커다란 순무' 동극 활동을 한 후 좋았던 점, 개선해야 할 점은 무엇일까?

• **상상하기**

만약 브라키오사우루스 공룡이 아직 살아 있다면?

• **지식 적용하기**

유치원 교실에서 다양한 하늘의 색을 나타내는 물건이나 사물들을 찾아 볼까?

• **일반화하기**

『여우와 두루미』 이솝 우화 이야기를 들어 본 적 있니? 여기서 두루미는 왜 기다란 접시가 필요했을까?

• **대안 제시하기**

오늘은 초미세먼지 농도가 너무 심해 실외놀이를 할 수 없는데 우리는 그럼 무슨 놀이를 할 수 있을까?

(2) 창의적 사고력 촉진을 위한 기법

유아의 창의적 사고력 촉진을 위한 교육의 방법은 브레인스토밍, 브레인라이

팅, 마인드맵, 속성열거법, 체크리스트법, SCAMPER 기법 등 다양하다. 유아가 다양한 문제를 새롭게 해결하기 위해서는 상황이나 문제에 따라 적절한 기법을 선택해서 적용해야 한다. 예비 유아교사가 수업 현장에서 유아의 창의적 사고력 촉진을 위해 비교적 쉽게 활용 가능한 기법, 즉 브레인스토밍, 마인드맵, SCAMPER 기법을 실제 사례와 함께 제시하고자 한다.

① 브레인스토밍

브레인스토밍이란 창조적인 아이디어를 끌어내는 일로 기업의 기획 회의에서 아이디어 개발 방식의 하나로 사용된다(국립국어원, 2020). 이 기법이 효과적으로 사용되기 위해서 아이디어를 쏟아낼 때, 나의 주장이 수용될 수 있을까? 내가 쏟아낸 단어 및 아이디어가 불필요하면 어떡하지? 하는 생각을 과감히 버려야 한다. 주제와 관련 없다고 생각되는 아이디어도 굉장히 빛을 발휘할 수 있기 때문에 가능한 한 아주 많은 다양한 아이디어를 생산하는 것이 중요하다.

- 구글 잼보드 활용하여 "논리" 하면 떠오르는 생각, 아이디어를 브레인스토밍해 보세요.

② 마인드맵

마인드맵이란 마음속에 지도를 그리듯이 줄거리를 이해하며 정리하는 방법이다(국립국어원, 2020). 한 가지 주제에 대한 꼬리에 꼬리를 무는 연결된 생각의 고리를 이어 나가며 마치 지도를 그리듯이 표시해 나가는 방식이다. 유아들에게 배운 개념에 대해 생각 그물망, 즉 마인드맵을 그리라고 한다면 기억력과 이해력을 증진시킬 수 있다. 또한 문제 해결력과 창의력을 촉진시키는 효과가 있다. 따라서 유아에게 주제나 생각에 대해 자유롭게 연상되는 대로 나열하여 연결해 보도록 하여 하나의 그물망(마인드맵)이 완성되는 과정에서 즐거움과 재미를 동시에 경험할 수 있다. 성공적인 마인드맵의 10가지 법칙이 있다(토니 부잔, 2018).

- 깨끗한 빈 종이를 사용한다.
  주제에 대한 생각을 2차, 3차 세부 가지들까지 그릴 수 있을 만큼 충분한 크고 빈 종이를 사용하면 좋다.

- 종이 한가운데서부터 그려 나간다.
  적어도 세 개 이상의 색깔을 사용해서 주제를 표현한다.

- 그림, 부호 등 다양한 요소를 사용한다.
  마인드맵 전체에 걸쳐 그림, 상징 부호를 활용하고 입체적으로 그린다.

- 키워드를 사용한다.
  핵심적인 단어를 선택하고 알아보기 쉽도록 또박또박 적는다.

- 하나의 가지에는 하나의 요소만
  가지 하나에는 하나의 단어나 하나의 이미지만 넣는다. 그래야만 눈에 잘 띈다.

- 가지들은 중심 이미지에서 주변으로 뻗어 가도록 그려 나간다.
  가지들은 종이 한가운데에 그린 중심 이미지에서 방사형으로 뻗어 나가는 형태로 그린다. 이때 중심 이미지에 가까울수록 굵게, 멀수록 가늘게 그린다.

- 가지는 그 가지의 요소와 길이를 맞춘다.
  가지는 그 위에 넣은 키워드나 이미지와 같은 길이로 그려야 보기에 깔끔하고 분명하다.

- 마인드맵 전체에 색깔을 사용한다.

  어떤 가지에 어떤 색을 사용할지 자신만의 색깔 시스템을 만든다.

- 연관되는 요소를 연결한다.

  화살표, 연결선, 자신만의 강조 기호를 사용해서 서로 다른 생각들을 연결하고 새로운 아이디어를 만들어 낸다.

✤ 참고) 기본 마인드맵 만들기

준비물

아무것도 없는 깨끗하고 커다란 종이 한 장

색연필이나 사인펜 세트

여러분의 두뇌

열린 마음

상상력

탐구하고 싶은 주제

1. 중심 이미지 그리기

종이 한가운데에 탐구하고 싶은 주제를 나타내는 중심 이미지를 그린다. 이때 적어도 세 개 이상의 색을 사용하도록 한다.

2. 첫 번째 주요 가지 그리기

주요 가지를 굵게 그려, 이 가지에 배치될 키워드가 전체 마인드맵에서 얼마나 중요한지를 보여 준다.

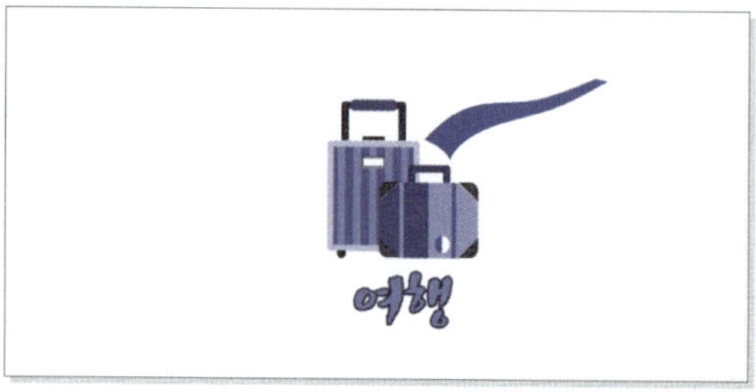

3. 주요 가지에 이름 붙이기

가지에 이름, 즉 키워드를 쓴다. 이때 글자를 정확하게 쓴다. 글자를 적는 대신, 상징하는 아이콘 등을 그리는 것도 좋은 아이디어다.

4. 세부 가지 그리기

주요 가지에서 뻗어 나오는 세부 가지를 그린다. 그리고 그 세부 가지에서 뻗어 나오는 더 가는 세부 가지를 그린다. 각 가지마다 키워드를 쓴다.

5. 두 번째 주요 가지 그리기

첫 번째 주요 가지와는 다른 색으로 두 번째 주요 가지를 그린다. 첫 번째 주요 가지와 마찬가지로 세부 가지를 그린다. 이런 식으로 주요 가지를 대여섯 개 정도 그린다.

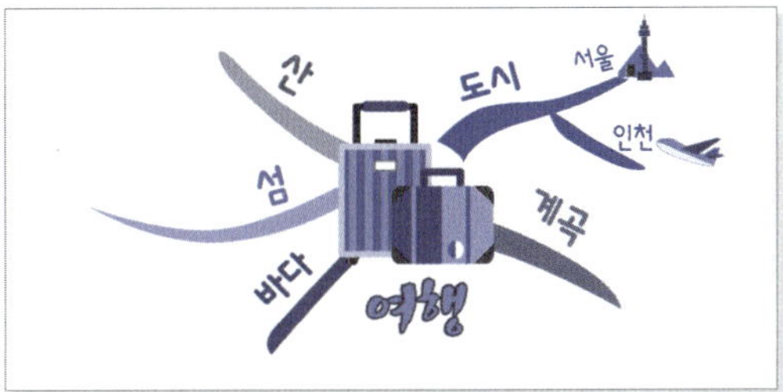

6. 빈 곳 채우기

주요 가지 그리기가 끝나면 비어 있는 가지를 채운다. 새롭게 아이디어가 떠오르거나 연상되는 것이 있으면 새로운 가지를 추가한다.

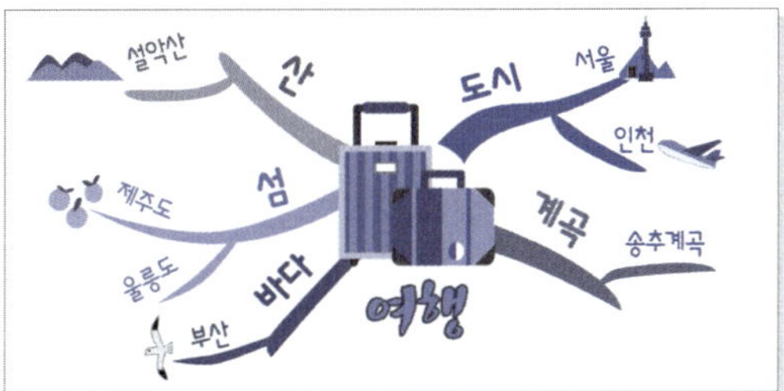

7. 화살표나 연결선 추가하기

화살표나 연결선을 그려 넣어 마무리한다. 필요하다고 생각되면 가지가지 사이에 화살표를 그리거나 둥글게 선으로 이어서 관계를 표시한다.

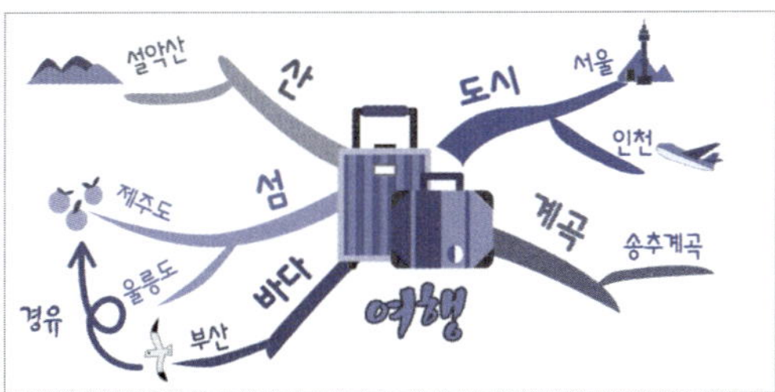

출처: 토니 부잔(2018). 토니 부잔 마인드맵 마스터.

③ SCAMPER 기법

스캠퍼(SCAMPER)는 아이디어 창출을 위해 만든 체크리스트로 학습자로 하여금 새로운 아이디어를 산출하도록 하는 기법이다. 주어진 발문에 따라 사고를 펼칠 수 있기 때문에 유아와 함께 할 수 있는 기법이다. SCAMPER 기법의 의미와 발문 형태의 내용은 〈표 8〉과 같다.

〈표 8〉 SCAMPER 기법의 의미와 발문 형태

체크리스트		의미	발문 형태
S	Substitute 대체하기	기존 사물을 형태, 용도, 방법 등을 다른 것으로 대체하는 방안을 생각하는 방법	무엇으로 대체할 수 있을까?
C	Combine 결합하기	두 가지 또는 그 이상의 것들을 결합, 혼합해서 새로운 것을 생각하는 방법	어떤 것과 결합할 수 있는가?
A	Adapt 적용하기	어떤 형태나 원리, 방법을 다른 분야의 조건이나 목적에 맞도록 적용할 수 있을까를 생각하는 방법	다른 곳에서 아이디어를 빌릴 수 없는가?
M	Modify 수정하기	기존의 상품이나 아이디어에 색, 모양, 의미 등을 조금 수정해서 변화를 주는 방법	변경하면 어떠한가?
	Magnify 확대하기	어떤 기능, 형태나 성질 등을 기존의 것보다 더 크게, 길게, 과장하여 확대해서 새로운 것을 생산하거나 변화시키는 방법	확대하면 어떠한가?
	Minify 축소하기	기존의 상품이나 아이디어를 작게, 가볍게, 늦게, 가늘게 축소해서 새로운 것을 생산하거나 변화시키는 방법	축소하면 어떠한가?
P	Put to other uses 다른 용도로 사용하기	어떤 사물이나 아이디어를 다른 방법으로 활용하는 방법	다른 용도로 사용할 수 있는가?
E	Eliminate 삭제하기	사물의 어떤 부분을 삭제해서 새로운 것이나 더 발전된 아이디어를 떠올리는 방법	삭제하는 것은 어떠한가?

체크리스트		의미	발문 형태
R	Reverse 반대로 하기	앞과 뒤, 왼쪽과 오른쪽, 안과 밖, 위와 아래, 원인과 결과 등 형태, 순서, 방법, 아이디어를 거꾸로 뒤집어서 새로운 것을 떠올리는 방법	반대로 하는 것은 어떠한가?
	Rearrange 재배열하기	형식, 순서, 구성을 바꾸어서 새로운 상품이나 문제 해결의 아이디어를 얻는 방법	어떻게 재배열할 수 있는가?

출처: 양상미(2014). 스캠퍼 기법을 활용한 과학 수업이 창의적 사고 및 창의적 성향에 미치는 효과. pp.15-16.

스캠퍼 기법에 대해 이해한 내용을 바로 적용할 수 있도록 여기서는 이야기 나누기 활동의 실제를 살펴보고 그 외 스캠퍼 기법을 적용한 활동 유형별의 실제는 마지막 장에 제시되었다.

〈표 9〉 SCAMPER 기법을 활용한 '이야기 나누기' 실제

활동명	'밤' 이야기 나누기
목표	밤에 대한 경험을 이야기 나누고 SCAMPER 기법을 활용한 발문으로 창의적인 사고를 신장시키는 기회를 갖는다.
SCAMPER 요소	C(Combine) 결합하기, S(Substitute) 대체하기, A(Adapt) 적용하기, M(Magnify, Minify) 확대 축소하기, P(Put to other uses) 다른 용도로 사용하기, R(Rearrange) 재배열하기, E(Eliminate) 삭제하기
준비물	SCAMPER 이야기 나누기 종이, 필기구
도입	간단한 동화(난장이와 밤나무)를 듣고 오늘 이야기 나눌 주제 알아맞히기 • 선생님이 들려준 동화의 제목이 무엇일까? • 난장이가 집으로 무엇을 주워 갔니?
전개	밤에 대해 SCAMPER 기법을 활용한 발문으로 이야기 나누기 • 밤을 본 적이 있니? 어디에서 봤니? • 밤은 어떤 모양이었고 밤을 가지고 무엇을 했니? • 밤의 딱딱한 가시를 다른 것으로 바꿔 보면 어떨까? • 밤을 어디에 사용해 볼 수 있을까? • 밤송이가 개미만큼 작아진다면 어떨까? • 밤송이가 사람보다 더 커진다면 어떨까? • 밤송이에서 빼고 싶은 것이 있니?

	• 밤의 모양을 바꿔 볼 수 있을까? • 우리는 밤을 가지고 무엇을 하지? 밤을 다른 방법으로 사용해 보면 어떨까?
마무리	더 생각나는 것들을 채울 수 있도록 이야기 나누기 자료를 언어영역에 비치하기로 약속하고 활동 방법 알려 주기

출처: 정혜윤(2014). SCAMPER 기법을 활용한 교사 발문이 유아의 창의성 향상에 미치는 영향. p.48.

4) 비판적 사고력 촉진을 위한 발문

비판적 사고력의 구성요소는 해석, 분류, 평가 등에 대해 앞장에서 다루었다. 비판적 사고력 촉진을 위한 발문은 고정곤 외(2017)가 제시한 6가지 기법은 다음과 같다.

(1) 생각을 명료화하는 발문

유아가 자신이 형성한 추상적 개념들을 쉽고 명료하게 표현할 수 있도록 하는 발문이다.

- 쉽게 말해 주겠니?
- 그 말이 무슨 뜻이니?
- 좀 더 자세히 말해 주겠니?
- 예를 들어 말해 주겠니?

(2) 전제 혹은 가정을 탐색하는 발문

유아 자신이 한 말이나 어떤 상황에 대한 전제를 생각해 보도록 하는 발문이다.

- 너는 ~를 ~라고 생각하고 그 말을 한 것이니?

- 만약 내 생각이 틀렸다고 생각하면 왜 그렇게 생각하는지 말해 줄 수 있겠니?

(3) 이유, 증거, 원인을 탐색하는 발문

유아 자신의 행동이나 사고 또는 어떠한 상황에 대한 이유와 증거 및 원인을 생각하도록 하는 발문이다.

- 왜 그렇게 생각하니?
- 그 이유가 무엇이니?
- 무엇이 그렇게 되도록 했다고 생각하니?

(4) 관점이나 시각의 다양성을 탐색하는 발문

유아가 자신만의 관점이 아닌 타인 입장에서 어떤 상황을 생각하도록 하는 발문이다.

- 너와 다른 생각을 할 수도 있을까?
- 다른 사람은 어떻게 생각할까?
- 만약 이렇게 말하는 사람이 있다고 해 봐, 너는 뭐라고 말할 수 있을까?

(5) 함축된 의미와 결과를 탐색하는 발문

유아가 직접 겪지 못한 상황의 결과를 예측해 보도록 하거나 어떤 상황의 함축된 의미를 생각하도록 하는 발문이다.

- 네 말대로 하면 어떻게 될까?
- 네 말대로 하면 ~될 텐데 그래도 괜찮을까?
- 나중에는 어떻게 될 것 같니?

(6) 알게 된 방법이나 정보원을 탐색하는 발문

유아가 알고 있는 사실이나 당연하게 여기고 있는 것을 알게 된 방법이나 경로를 생각해 보도록 하는 발문이다.

- 어떻게 그걸 알았니?
- 그건 확실한 것이니?
- 다른 사람들은 그것을 어떻게 알게 되었을까?

2. 토의 및 토론 방법

토의란 어떤 문제에 대해 협의하고 검토하는 행위이며, 토론은 어떤 문제에 대하여 여러 사람이 각각 의견을 말하며 논의하는 것이다(국립국어원, 2020). 토론은 토의의 하위 개념으로 분류되며 어떤 문제에 대해 자신의 의견이나 주장을 분명히 하기 위해 그에 적합한 증거를 제시한다. 구체적으로 토의와 토론의 의미의 차이점은 〈표 10〉과 같다.

〈표 10〉 토의와 토론의 차이

토의	토론
• 어떤 공통의 주제나 문제에 대해 긍정적인 해답을 얻기 위한 과정	• 토의 과정을 거쳐 이미 나온 방안들에 대해 논리성을 살펴보는 과정
• 어떤 공통의 주제나 문제에 대해 여러 가지 다양한 방안이 나올 수 있음	• 가장 논리성을 지닌 최선의 방안 하나만을 선택하는 과정 • 자기 의견을 정당화하기 위한 근거를 자료 수집, 의견 발표 및 주장을 펼치는 과정

어떤 주제에 대해 토론하는 과정에서 근거를 제시하고 주장하고자 할 때 논리적, 창의적, 비판적 사고 능력이 활용된다. 주장을 펼치는 유아나 그 과정에 참여하는 유아 모두 다양한 사고력이 형성될 수 있다. 또한 유아교육기관에서 토의 활동은 주로 유아가 다른 사람의 의견을 들을 수 있는 기회를 제공하고

이 과정을 통해 타인의 생각을 수용하는 동시에 문제 해결 과정을 경험하게 된다(안정미, 2012). 유아의 비판적 사고력을 증진시킬 수 있는 교수 학습 방법으로 유아와 토의 · 토론하는 활동을 제시한 바 있다(곽재은, 2009; 방효국, 2020; 방효국 외, 2019; 임혜란, 2014).

만약 유아와 함께 토의 및 토론 활동을 전개한다면 얼마 동안의 기간, 얼마 만큼의 횟수를 거쳐야만 효과성이 있을지에 대한 의문이 생길 수 있다. 물론 유아의 연령과 발달 수준에 따라 달라지겠지만, 유아 교육 분야에서 토의 · 토론 수업은 효과성이 있다는 연구로 입증되었다. 이러한 측면으로 볼 때, 토의 · 토론 활동은 단순하게 명시한 기간의 문제를 넘어 지속적, 반복적으로 시행한다면 유아의 사고력 증진에 효과가 있을 수 있기 때문에 체계적인 지도가 필요하다. 따라서 최근에 비판적 토의 활동이 유아의 비판적 사고력 증진에 효과성이 있음을 밝힌 연구(방효국, 2019, 2020)에서 사용한 토의 절차 및 주제에 대한 활동을 참고하여 체계적으로 계획할 수 있다. 이를 위해 토의 · 토론 주제를 선정하기부터 살펴보겠다.

1) 토의 · 토론 방법

(1) 토의 · 토론 주제 선정하기

유아들의 일상생활 속 경험과 관련성을 지닌 주제가 적합하고 발달에 적합하면서 동일한 주제라도 연령에 따라 사고력이 심화될 수 있는 내용을 선정하여야 한다. 구체적인 토의 · 토론의 주제가 될 수 있는 내용은 다음과 같다.

- 다양한 미디어 매체: TV의 뉴스, 광고 및 SNS 속 주제와 내용

예) 플라스틱은 어떻게 사용해야 할까요?
스마트폰은 어떻게 사용해야 할까요?

- 유아교육기관에서 펼쳐지는 놀이 활동 과정

예) 교실에서의 규칙을 지키지 않는 유아를 어떻게 해야 할까요?

- 유아의 가정이나 지역사회 내 갈등 상황

예) 분리수거를 철저히 할 수 있는 방법은 무엇일까?

방효국 외(2019)의 논문에서 과학기술에 대한 토의 주제는 아래와 같다.

✣ 참고) '과학기술'에 대한 토의 활동 주제

- 빠른 길을 알려 주는 내비게이션
- 미워하는 마음을 없애 주는 약
- 다양한 기능을 담고 있는 스마트폰
- 날씨를 알려 주는 인공위성
- 가상여행을 할 수 있는 안경
- 시들지 않는 토마토
- 물건을 배달해 주는 드론
- 예술가를 꿈꾸는 로봇
- 스스로 운전하는 자동차
- 무엇이든 만들 수 있는 3D프린터
- 어려운 일도 척척 로봇
- 서로 연결되어 있는 전자제품

(2) 토의 교수 학습 단계 및 활동

방효국(2020)의 연구에서 토의 활동에 사용한 교수 학습 단계는 일반적인 교수 학습 단계, 즉 생각 열기-생각 펼치기-연계 활동하기를 먼저 진행한 후 본격적으로 토의 중심의 교수 학습 단계를 적용하였다. 구체적인 단계는 먼저 문제를 인식하기, 그 문제에 대해 토의하기, 마지막으로 연계 활동하기로 구분하여 진행하였다. 구체적인 단계는 〈표 11〉과 같다.

〈표 11〉 기본 교육 및 토의 중심 교수 학습 단계

기본 교육 교수 학습 단계		
생각 열기	생각 펼치기	연계 활동하기
• 흥미 유발하기	• 탐색하기 • 뉴스 이해하기 • 평가하기	• 자유놀이활동 • 가정 및 지역사회와 연계
토의 중심 교수 학습 단계		
문제 인식하기	토의하기	연계 활동하기
• 뉴스 살펴보기 • 문제 인식하기	• 다른 관점으로 생각하기 • 소집단 토의를 통해 해결안 모색하기 • 대집단 발표를 통해 최선의 해결안 찾기	• 해결안을 뉴스로 제작하기 • 감상 및 평가하기

출처: 방효국(2020). 토의중심 유아 뉴스 리터러시 교육프로그램이 유아의 비판적, 사회성, 의사소통능력에 미치는 효과. pp.233-234.

이 단계를 적용하여 뉴스 리터러시 활동의 개요는 〈표 12〉와 같다.

〈표 12〉 뉴스 리터러시 활동의 개요

교육내용	활동명	활동내용	활동유형
뉴스 이해하기	뉴스란 무엇일까요?	뉴스와 동화를 비교하여 뉴스의 개념에 대해 이해한다.	이야기 나누기
	고마운 뉴스	뉴스가 우리에게 주는 이로운 점에 대해 알아보는 과정을 통해 뉴스를 이해한다.	동시

교육내용	활동명	활동내용	활동유형
뉴스 평가하기	기사작성에 원칙이 있어요	엉터리 신문과 제대로 신문을 비교하여 기사작성에 필요한 원칙에 대해 알아본다.	이야기 나누기
	신문을 만들어요	신문에 있는 내용을 탐색해 본 후 유아와 함께 신문을 만들어 본다.	미술/언어
	다양한 뉴스의 내용을 봐요	정치, 경제, 사회, 스포츠, 연예 등 다양한 내용의 뉴스를 여러 매체를 통해 볼 수 있다는 것을 이해한다.	이야기 나누기
	뉴스를 거꾸로 전한다면?	뉴스를 거꾸로 전달하면 생기는 일에 대해 동극을 통해 알아본다.	동극
뉴스 활용하기	우리 동네에서 일어나는 일을 알 수 있어요	우리 동네에서 일어나는 일에 관심을 가지고 참여한다.	이야기 나누기
	세계에서 일어나는 일을 알 수 있어요	다른 나라에서 일어나는 소식에 관심을 가진다.	미술
	스마트폰은 어떻게 사용해야 할까요?	스마트폰 사용의 순기능과 역기능에 대해 알아본 후 토의를 통해 최선의 해결안을 찾아본다.	토의
	플라스틱은 어떻게 사용해야 할까?	플라스틱의 관리성과 역기능에 대해 탐색한 후 토의를 통해 최선의 해결안을 찾아본다.	토의
	아이들은 오지 마세요!!	노키즈존과 관련하여 유아의 권리와 주인의 권리에 대해 탐색한 후 토의를 통해 최선의 해결안을 찾아본다.	토의
	애완동물 공원 출입금지	애완동물 공원 출입금지로 인한 동물권리와 사람의 안전에 대해 탐색한 후 토의를 통해 최선의 해결안을 찾아본다.	토의
	구급차는 교통위반을 해도 될까요?	구급차 교통위반과 관련하여 생명 존중과 준법에 대해 탐색한 후 토의를 통해 최선의 해결안을 찾아본다.	토의
	길고양이 급식소가 있다면?	길고양이 먹이 주기와 관련 동물보호와 사람의 안전편리에 대해 탐색한 후 토의를 통해 최선의 해결안을 찾아본다.	토의

출처: 방효국(2020). 토의중심 유아 뉴스 리터러시 교육프로그램이 유아의 비판적, 사회성, 의사소통능력에 미치는 효과. pp.234-235.

〈표 12〉에 제시된 활동 중에서 "아이들은 오지 마세요!!"에 대한 활동계획안은 실제 편에 제시되었다.

2) 철학적 탐구공동체 토론 활동 방법

앞에서 유아의 사고력 증진을 위해 토의 방법에 대해 살펴보았다. 그런데 유아교육에서 유아를 대상으로 특정 주제에 대한 토론 활동이 과연 가능할까?에 대한 의문이 생길 수 있다. 하지만 그림책, 전래동화와 같은 시각적이고 이야기 중심의 매체를 활용하여 토의 · 토론 활동을 통한 유아의 사고력 증진에 효과가 있음을 밝힌 연구들이 출판되고 있다(신명숙 · 김호, 2015; 송주진 · 전일우, 2007). 이 연구 결과들에 비추어 볼 때 유아의 발달 특성상 토론 활동에 흥미롭게 참여할 수 있는 가장 친숙한 그림책, 시각 자료를 활용한다면 가능할 것이다. 시각 매체를 활용한 철학적 탐구 공동체 활동이란 유아들이 주어진 시각 매체를 읽고 스스로 질문을 제기하여 탐구공동체를 형성하여 토의하는 방법이다. 교사 주도가 아닌 유아가 중심이 되어 자신의 경험을 토대로 문제 해결에 대한 대안을 자유롭게 제시하여 선택하고 정당화하는 과정으로 이루어진다. 이러한 철학적 탐구공동체 활동이 유아의 비판적 사고력 향상에 도움이 되는 3가지 측면을 제시하였다(박명숙 · 유연옥, 2007).

- 철학적 탐구에서는 특정 관점을 취하게 될 때 예상되는 결과나 그것에 대한 합리적 근거를 객관적으로 논의해 볼 수 있는 기회가 제공된다. 때문에 여러 가지 상황에서 태도나 행동에 대한 이유, 원인, 근거, 정보원 등을 논리적으로 분명하게 생각할 수 있게 한다.
- 여러 가지 상황적 맥락에 민감함으로써 판단에 있어 적극적으로 탐색하

는 반성적 사고를 하게 한다.

- 탐구 공동체에 참여하면서 유아들 스스로 여러 문제를 인식하여 제기하고 다른 유아들의 의견에 대해 경청하고 공동체에서 최상의 합의된 의견을 도출하려고 노력한다.

철학적 탐구공동체 활동은 유아의 비판적 사고 배양뿐만 아니라 창의적 사고와 배려적 사고를 배양할 수 있다. 즉, 탐구공동체 활동을 하는 과정에서 유아들은 자신이 가지고 있는 아이디어, 새로운 생각을 드러내고 대화하는 과정을 통해 서로의 경험을 공유하며, 자신이 가지고 있는 사고나 오류를 수정하게 된다. 그리고 이 과정에서 서로 경쟁하려는 이기심을 버리고 좋은 사고를 위해 협력하고 배려하는 태도를 지니게 되는 것이다. 유아를 대상으로 철학적 탐구공동체 활동을 운영하기 위한 절차는 다음과 같다.

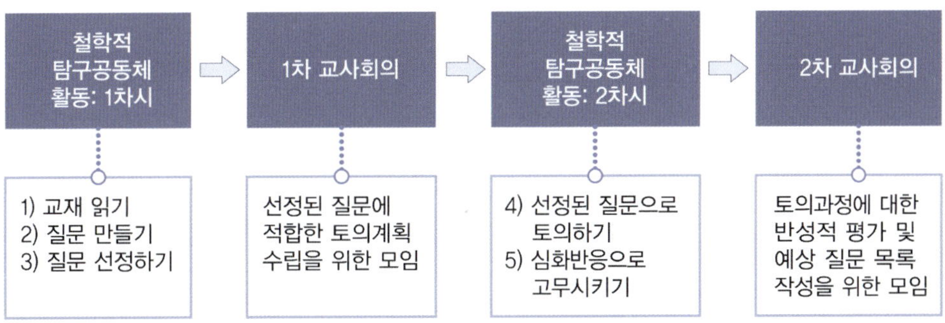

[그림 3] 철학적 탐구공동체 활동의 운영 절차

출처: 정대련 외(2014). 유아들의 철학적 탐구공동체 활동. p.58.

그림책 읽기를 한 후 "왜 상을 받아야 하나?"에 대한 철학적 탐구공동체 활동의 전개 과정을 〈표 13〉에 제시하였다.

〈표 13〉 "왜 상을 받아야 하나?"에 대한 철학적 탐구공동체 활동 전개 과정

그림책 읽기	『오월은 푸르구나』 – 탐구1을 유아들이 앉은 순서대로 한 문장씩 읽음
그림책의 내용과 관련해 궁금한 점 질문하기	• 왜 어린이날이 우리들 세상일까? • 비행기 모형이 뭐예요? • 왜 할머니가 어린이날 행사에 가서 놀아 주셨을까? • 어린이날을 왜 축하해요? • 5월은 왜 푸를까? • 어린이날에는 왜 선물을 줘요?
토의하고 싶은 질문 선정하기	"왜 상을 받아야 할까?"
토의하기	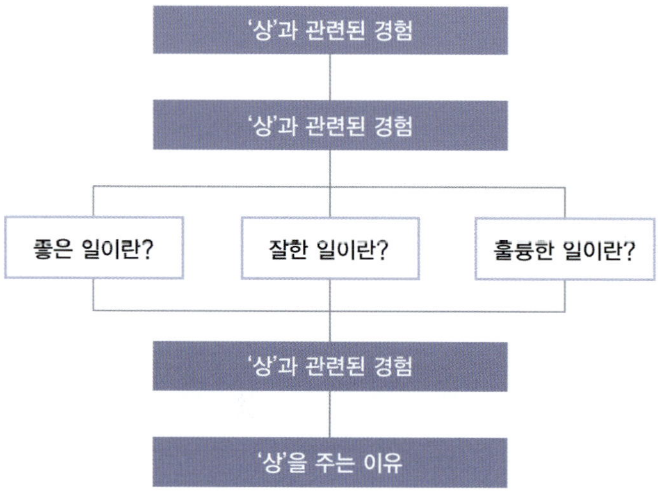

출처: 정대련 외(2014). 유아들의 철학적 탐구공동체 활동. p.98.

무엇보다도 이 과정에서 중요한 것은 교사가 하는 질문이다. 정대련 외(2014)가 제시한 탐구공동체 활동을 전개하는 과정에서 사용하는 질문의 유형을 소개하면 〈표 14〉와 같다.

〈표 14〉 탐구공동체 활동에서 교사가 사용하는 질문의 유형

유형	예시
개념을 명료화하기 위한 질문	교사: '왜 상을 받아야 하나'라는 질문에 대해서 생각해 보려면 우선 '상'이 무엇인지 알아야 하겠지요? **'상'이란 도대체 무엇일까?** 유아: 좋은 일을 했을 때 받는 거예요. 교사: **좋은 일이란 어떤 일이지?**
구체적인 예 혹은 반례를 요구하는 질문	교사: 그럼 어떤 일이 나한테도 좋고, 다른 사람한테도 좋은 걸까? **예를 들어 말해 줄래?** 유아: 줄 서기 같은 거요. 줄을 서면 **싸우지도 않으니까 다 좋잖아요.**
	교사: 아빠가 회사에 가서 바쁘다고 했는데, 회사를 가면 다 바쁜 걸까? 회사에서 바쁘지 않을 때는 없을까?
이유와 근거를 묻는 질문	교사: ○○가 나라를 위해 힘쓰는 것과 자기 할 일을 하는 것 모두 훌륭한 일이라고 했는데, ○○는 왜 **그렇게 생각하니?**
	교사: ○○는 꽃을 꺾으면 안 되는 이유가 꽃이 아프기 때문이라고 했는데, **꽃이 아픈지 어떻게 알 수 있지?**
판단을 요구하는 질문	교사: 나라를 위해 힘쓰는 일과 자기가 할 일을 하는 일, 두 가지 일 중에 어떤 일이 훌륭한 일일까? 아니면 둘 다 훌륭한 일이 될 수 있을까?
토의 내용을 정리하는 질문	교사: 남을 구하는 일이 자기 자신을 구하는 일보다 더 하기 힘든 일이니까 남을 구하는 일이 더 위대한 일이라고 생각한다는 거니?
대안적인 관점을 묻는 질문	교사: ○○는 영이가 친구에게 좋은 일을 해서 상을 받아야 한다고 말해 주었어. **혹시 다르게 생각하는 사람 있니?**
	교사: 어린이날은 어린이를 축하해 주고, 칭찬해 주고, 유치원도 쉬는 날이구나. **어린이날에 관해 또 다른 의견은 없니?**
함축된 의미를 묻는 질문	교사: 어린이날 어른들이 칭찬도 하고, 선물도 주고, 축하도 하는 이유는 무엇일까? 유아: 어린이들이 잘하니까요. 교사: 무엇을 어떻게 잘했는데? 유아: 동생도 잘 봐주고, 엄마, 아빠 말씀도 잘 듣고요. 교사: **그럼 동생도 잘 안 봐주고, 엄마, 아빠 말씀도 잘 듣지 않은 어린이들은 어린이날 축하를 받거나 선물을 받으면 안 되는 거네?**
토의된 내용의 결론을 검증하는 질문	교사: 우리 지금까지 어버이날에 대해 이야기했는데, 그렇다면 어버이날에 무엇을 해야 하는 걸까?

출처: 정대련 외(2014). 유아들의 철학적 탐구공동체 활동. pp.53-54. 재구성

"왜 상을 받아야 하나?"에 대한 구체적인 철학적 탐구공동체 활동계획안은 실제 편에 제시되었다.

3.

그림책을 활용하는 방법

그림책이란 글과 그림이라는 두 개의 의사소통 방식으로 조화를 이루어 내는 독특한 예술형식이라고 하였다(Nikoljava, 2005). 그림책에 제시된 글은 위에서부터 아래로, 왼쪽에서부터 오른쪽으로 읽으면서 글의 내용을 이해한다. 하지만 그림을 볼 때 전체적으로 감지되는 부분과 이와 반대로 세부적으로 감지되는 부분으로 그림을 보면서 이해할 수 있다. 따라서 유아는 그림책의 글과 그림을 번갈아 보면서 또는 그림부터 본 후 글을 읽어가든 각자의 방식대로 보면서 그림책의 내용에 대한 의미를 형성해 나간다.

무엇보다 그림책은 유아에게 아주 친숙한 매체이다. 더욱이 2019년 개정 누리과정의 의사소통 영역의 내용 범주로 **'책과 이야기 즐기기'**가 명시되어 있기 때문에 유아교육기관에서는 타 교과영역과 통합하여 학습활동을 전개할 수 있는 교수 학습 방법으로 활용하고 있다. 여기서 중요한 것은 그림책이라는 매체를 교수 학습 방법에 활용하는 방법이 중요하다. 유아교육기관에서 대, 소집단 활동이나 자유놀이시간 언어영역에서 활용되고 있다. 이미 그림책을 활용한 다양한 활동이 유아의 비판적, 논리적, 창의적 사고에 긍정적인 영향을 미치고 있다는 연구(박명숙 · 유연옥, 2009; 신명숙 · 김호, 2015)에서 입증되고 있다. 이 외에도 정보그림책, 동화를 통한 교사의 질문을 통해서도 유아의 비판적 사고력 향상에 도움이 되고 있다(민경숙, 2007; 양하연, 2004; 한정은, 2004).

이러한 연구 결과로 보아 유아의 사고력 향상에 그림책이라는 매체는 충분히 교수 학습 방법으로 활용 가능하다. 중요한 것은 그림책을 활용하는 교수 학습 방법이 체계적이고 구체적이어야 할 것이다. 서정숙과 남규(2010)는 유아를 대상으로 문학교육을 할 때 그림책 매체를 활용하는 것이 가능하다고 한 바 있다. 유아문학교육의 목표를 문학적 능력의 함양과 문학적 태도의 형성이라고 하였다. 이러한 목표를 달성하기 위한 구체적인 내용은 이해 및 감상, 창작 활동, 비평 활동이다. 이해 및 감상 활동은 등장인물과 관련한 활동, 즉 마음을 이해하고 표현하기, 자신의 경험을 토대로 이야기하기, 그림책을 읽고 난 후 궁금한 것 질문하기, 그림책 속 낱말놀이 등이 해당되며, 창작 활동은 이야기 전개 전 이야기를 만들어 보거나 뒷이야기 짓기, 창작한 그림책 만들어 보기 등이다. 그리고 비평 활동은 내용에 대해 토론하거나 다른 책과 비교하기, 글 작가 · 그림 작가에 대해 평가해 보기의 내용이다. 그림책 속 상황이나 장면에 적합한 단어를 찾아보거나 글 내용에 제시된 문제를 창의적으로 해결하는 과정에 있어 근거를 밝히기도 하고 제시한 해결책의 실행가능성을 논리적이고 비판적으로 토의 및 토론하는 활동 등이 문학 활동의 내용이 될 수 있다. 따라서 이해 및 감상 활동, 창작 활동, 비평 활동에서 구체적인 활동 방법을 소개하고자 한다.

1) 이해 및 감상 활동

그림책을 읽고 이해 및 감상 활동으로 문학적 요소에 대해 활동할 수 있다. 가령 등장인물과 관련한 내용이라든지, 주제에 대한 이야기를 한다든지, 또는 그림책 속 다양한 단어를 가지고 낱말놀이가 가능하다.

(1) 등장인물과 관련한 활동

그림책의 문학적 요소 중 등장인물과 관련한 활동을 할 수 있다. 유아는 그림책 속 등장인물이 처한 상황에 대해 이해하면서 자신과 동일시하기도 하며, 등장인물에게 편지쓰기 활동, 등장인물 성격의 좋은 점, 개선해야 할 점 등에 대해 활동을 함으로써 논리적, 창의적 사고력이 향상될 수 있다. 구체적으로 그림책 속 등장인물이 하는 말이나 행동을 묘사한 그림을 유심히 보면서 이해하고 사고를 더 깊이 있게 하도록 한다. 예를 들면 『난 이대로가 좋아』의 주인공은 여러 가지 다양한 이유로 머리를 자르는 것을 너무 싫어한 건이이다. 머리를 자르지 않아서 생기는 일로 인해 머리카락을 자르기로 결심한다는 이야기이다. 그림책 속 주인공에 대한 생각해 보기 활동을 할 수 있다.

머리 깎기 싫어하는 아이 건이의 이야기. 머리를 자르러 미용실에 간 건이는 어깨보에 목이 졸리고 칙칙 뿌리는 물이 눈에 들어간다며 기겁을 하고 결국 머리를 자르지 못한다. 유치원에서 남자와 여자가 짝이 되어 춤을 배우는데, 원하는 친구와 짝이 되지 못하고 말쑥한 철민이가 남자와 짝이 된 건이를 놀렸다. 그 후 건이는 자신의 머리카락을 가위로 직접 자른다. 하지만 이상하게 잘린 머리카락을 보며 놀란 건이는 엄마와 함께 다시 미용실에 가서 머리를 자르게 된다.

출처: 김향금 글 · 이우창 그림(2004). 난 이대로가 좋아. 미래엔아이세움.

가령, 그림책 앞표지를 보고 주인공 건이의 눈에 띄는 특징을 말해 보거나 반대 상황을 예상해 볼 수 있다. 또 건이에 대해 단평을 해 보고 다른 친구들의 이야기들을 들어 보고 논의할 수 있다. 자세한 활동계획안은 실제 편에 제시되었다.

(2) 그림책 감상 후 궁금한 점 질문하기

그림책을 감상하면서 제목, 앞 · 뒤표지, 등장하는 단어, 그림 표현 등에 대해 궁금한 점을 묻고 그것에 대해 탐구하는 과정이다. 이 과정을 통해 그림책에 대해 흥미를 더할 수 있으며 이러한 경험을 통해 다양한 개념에 대한 학습이 가능하다. 앤서니 브라운의 『마술 연필』을 읽으면서 제목, 앞 · 뒤표지 그리고 내용에 대해 궁금한 점을 토대로 계획한 활동은 실제 편에 제시되었다.

2) 창작 활동

그림책을 활용한 창작 활동은 후속 이야기를 만들어 보거나 새로운 이야기를 만들어 보는 활동이 대표적이다. 이야기 만들기보다 이야기 짓기라 지칭하기도 한다. 유아가 이야기 짓기 활동을 하는 것은 자신이 상상한 것을 언어로 창작하고 표현하는 창조적인 과정이다. 방법은 창작, 생활, 전래동화 및 패러디 그림책을 활용하여 후속 이야기를 지어 보거나 일부 이야기를 개조할 수 있다. 또한 글이 없는 그림책을 읽고 이야기를 만들어 주고 왜 그렇게 이야기를 만들었는지에 대해 논리적으로 설명할 수 있다.

세계적인 그림책 작가 앤서니 브라운과 꼬마 작가들이 함께 만든 그림책으로, 앤서니 브라운의 꼬마 곰 캐릭터와 아이들이 그린 사자, 거인, 공룡, 꽃, 뱀 등 다양한 동식물들이 어우러져 이야기를 펼쳐 나간다. 이 책을 읽으면서도 아이들도 자신의 글과 그림으로 세상에서 한 권뿐인 나만의 그림책을 만들어 볼 수 있다.

출처: 앤서니 브라운과 꼬마 작가들 글 · 그림(2010). 앤서니 브라운의 마술연필. 웅진주니어.

(1) 패러디 그림책을 활용한 이야기 짓기

패러디 그림책을 활용하는 것은 원래 그림동화가 새로운 이야기로 각색되는 과정에서 이야기의 배경, 사건, 등장인물의 성격 변화에 따라 어떻게 전개되는지 다시 한 번 생각할 기회를 제공한다. 따라서 패러디 그림책을 활용한 이야기 짓기는 어떠한 문학적 요소들을 각색해서 만들지 유아 스스로 정할 수 있고, 토의를 통해 협의하는 과정에서 이야기 짓기 활동이 이루어진다. 서정숙과 전효훈(2012)에 의하면 패러디 그림책의 특징과 재구성의 원리는 유아의 창의성과 비판적 사고력에 영향을 줄 수 있다고 한다. 패러디 그림책의 특징은 유아로 하여금 기존 사고의 틀에서 벗어나 새로운 시각을 경험하게 하고 마지막은 열린 결말로 종결을 맺기 때문에 유아가 다양한 결말을 만들어 보는 경험을 할 수 있다.

그림책의 기본 이야기인 인물, 사건, 배경을 변환시켜 새로운 이야기를 만들 수 있다. 신명숙과 김호(2015)는 패러디 그림책의 인물, 사건, 배경 변환에 대해 다음 〈표 15〉와 같이 설명하고 있다.

〈표 15〉 인물, 사건, 배경 변환 내용

인물 변환
• 성격 변환: 사건의 실마리가 되고 이야기를 풀어가는 단서가 되므로 성격을 변환하는 경우, 기존의 성격이 한층 부각되기도 하고 특정 사건이 보다 의미화됨 • 인물 대체: 인물 변환이 원작 글 텍스트에 등장하는 인물의 성격과 반대 또는 대조되는 인물이라면 인물의 대체는 성격에 국한하지 않고, 패러디 주체의 창작 의도를 표현하기에 적합한 인물로 설정하는 것 • 인물의 이미지 변환: 기존의 이야기에 등장하는 인물의 전형적인 이미지를 변형
사건 변환
• 모티브와 아이디어 재조직: 옛이야기에 등장하는 최소한의 이야기들을 빌려 와서 새로운 이야기를 결합 • 뒷이야기 이어쓰기: 원작의 기본 스토리를 벗어나지 않은 채, 다른 사건의 추가, 나열, 변형을 하는 것
배경 변환
• 시간적 배경 변환 • 공간적 배경 변환

패러디한 그림책은 다양하다. 예를 들어 『개미와 베짱이』는 『프레드릭』으로, 『벌거벗은 임금님』은 『장화 쓴 공주님』으로 인물의 변환으로 재구성되었다. 『아기 돼지 삼형제』는 『늑대가 들려주는 아기 돼지 삼형제』로, 『흥부와 놀부』는 『흥부네 똥개』로 서술시점이 변환되어 재구성되었다.

이와 같은 패러디 그림책을 활용하여 이야기 짓기 활동은 하루일과 중 대그룹 토의 활동과 소그룹 이야기 짓기 활동과 병행하여 진행된다. 구체적인 활동 방법은 〈표 16〉과 같다.

〈표 16〉 패러디 그림책을 활용한 이야기 짓기 활동 방법

활동 내용		원작과 패러디 그림책 읽고 토의하기	패러디 이야기 짓기
활동 진행 방법		대그룹 이야기 나누기	개별 및 소집단 활동
활동 과정	도입	• 패러디 그림책을 보며 어떤 내용일지에 대해 예측해 보기 • 원작과 패러디 그림책 들려주기	• 전에 읽었던 패러디 그림책 회상하기
	전개	• 원작 그림책과 패러디 그림책의 등장인물, 내용, 문제 상황 등의 같은 점과 다른 점 비교하기 • 작가가 왜 이렇게 내용을 바꾸었을지 생각해 보고 이야기해 보기 • 패러디 작가의 글에 대해 자신의 생각 이야기해 보기	• 어떤 부분을 어떻게 고쳐서 이야기 짓기를 해 볼지 이야기해 보기 • 유아들이 이야기 짓기 한 내용을 글로 써 주기(스스로 할 수 있으면 스스로 하도록 한다)
	마무리	• 내일은 패러디 기법을 활용해서 이야기 짓기 활동을 할 것임을 안내	• 완성된 내용 발표
교사의 역할		• 유아들이 자유롭게 자신의 생각을 표현할 수 있도록 허용적인 분위기를 조성하며, 확산적 발문을 활용함으로써 다양한 생각을 하도록 유도	• 유아들의 생각과 느낌을 표현하도록 촉진하여 패러디 그림책을 활용한 이야기 짓기 활동에 활발히 참여

출처: 신명숙, 김호(2015). 패러디 그림책을 활용한 이야기 짓기 활동이 유아의 창의성과 비판적 사고력에 미치는 영향. p.363.

구체적인 패러디 그림책 읽고 토의하기 활동 및 이야기 짓기의 활동계획안은 유아의 사고력을 키우기 위한 활동의 실제 편에 제시되었다.

(2) 글 없는 그림책 이야기 짓기

글이 없는 그림책은 그림만 있고 글이 전혀 없는 경우, 그림이 대부분이고 글은 최소화로 이루어진 경우이다. 유아가 글이 없는 그림책을 본다고 상상해 보자. 유아는 그림을 통해 자신의 경험과 이미 형성된 지식을 토대로 그림 읽기를 하게 된다. 그림 읽기를 하면서 언어라는 도구를 덧붙여 이야기를 구성하는 과정을 진행하게 된다. 이러한 과정을 거쳐 상상력뿐만 아니라 창조적인 사고 과정을 경험하게 된다. 글 없는 그림책의 여러 교육적 가치 중 유아의 창의성 발달에 긍정적인 효과가 있음(김미숙 · 장영숙, 2016; 김지연, 2004; 임귀자 · 서영임, 2017)이 입증되었다. 아울러 글 없는 그림책의 그림을 보면서 마음껏 상상해 볼 수 있는 기회를 통해 창의적 사고와 확산적 사고를 길러 준다(Holdaway, 1979). 게다가 글 없는 그림책에 등장한 인물은 창의적인 요소 중 민감성, 상상력이 가장 많이 내포되어(오한나 · 전경원, 2019) 있을 만큼 글 없는 그림책은 유아의 창의적 사고 발달에 밀접한 관련이 있음을 알 수 있다.

글 없는 그림책은 다양하다. 예를 들어 『노란 우산』, 『트럭』, 『구름공항』, 『이상한 화요일』, 『서커스』 등이 있다. 이 중 『이상한 화요일』은 최소한의 글이 제시되어 있는 글 없는 그림책이다. 이와 같은 글 없는 그림책을 활용한 구체적인 이야기 짓기 활동 방법은 〈표 17〉과 같다.

〈표 17〉 글 없는 그림책을 활용한 이야기 짓기 활동 방법

단계	활동	활동 전개 방법
1	표지 읽기	• 교사가 글 없는 그림책의 표지를 보여 주면서 유아가 그림을 보고 제목을 생각해 보고 이야기하도록 한다. - 이 표지에 무슨 그림이 그려져 있니? - 이 그림책의 제목을 붙여 보겠니? - 왜 그런 제목을 붙였니? - 제목이 무엇이라고 적혀 있나 보자. (제목을 가리고 함) - 함께 읽어 보자.
2	그림책 읽기	• 그림책 전체를 교사가 유아들에게 한 번 보여 준다. • 교사는 그림책의 각 장마다 등장인물, 배경 등 그림을 보고 생각을 말해 보도록 한다. - 그림에서 무얼 보고 있니? (사물의 이름 말하기) - 그림에서 어떤 일(사건)이 일어나고 있니?

단계	활동	활동 전개 방법
3	이야기 꾸미기와 녹음하여 들어 보기	• 함께 앉아서 유아들이 이야기를 꾸며 보도록 한다. 교사는 이 그림책의 이야기를 꾸며서 말해 볼까?라고 질문을 한다. 유아들은 그림책의 각 장마다 이야기 꾸며 말하고 다음 장으로 이야기를 연결할 수 있도록 천천히 책장을 넘긴다. 이때 유아가 동화의 내용을 충분히 생각하고 이야기로 꾸며 말할 수 있도록 하며, 주인공 및 등장인물의 행동이나 태도, 감정 및 주변 상황이나 환경에 대해 각 유아들의 소감, 느낌, 통찰력 등을 자유롭게 이야기하도록 한다. • 유아들이 꾸민 이야기를 녹음해 함께 들어 본다.

출처: 김지연(2004). 글 없는 그림책 이야기 꾸미기 활동이 유아의 창의성에 미치는 영향. p.334.

구체적인 글 없는 그림책 읽고 이야기 짓기의 활동계획안은 유아의 사고력을 키우기 위한 활동의 실제 편에 제시되었다.

3) 비평 활동

그림책의 문학적 요소, 미술적 요소를 토대로 적절한 이유나 근거를 들어 비평이 가능하며 제목은 같으나 다른 작가, 다른 출판사 작품 간 분석을 통해 장, 단점을 평가할 수 있다. 또한 작가탐색을 통해 한 작가의 여러 작품 간 비교분석을 통해 공통점과 차이점을 파악할 수 있다. 구체적인 활동으로 그림책 속 문제 해결에 대한 적절성 논의하기, 그림에 대해 평가하기, 다른 책이나 매체와 비교하기, 같은 그림 작가의 다른 그림책 비교해 보기 등이 있다.

(1) 문제 해결 방법에 대한 적절성 논의하기

그림책에 제시된 문제를 해결하는 방법이 실현가능성이 있는지, 바람직한 방법인지 여부에 대해 유아들이 논의해 볼 수 있다. 교사는 논의하는 과정에 참여하여 근거로 제시한 내용이나 의견에 대해 타당성의 여부를 따져 볼 수 있는 허용적인 분위기를 조성해 주고 유아들끼리 격려할 수 있도록 안내할 필요가 있다. 『소피가 화나면, 정말 정말 화나면』의 소피가 화를 다스리기 위한 해결방법에 대한 활동은 실제 편에 제시되었다.

어느 날, 소피가 가지고 놀던 고릴라 인형을 언니에게 빼앗긴다. 그러자 소피는 분노를 표현하고 집을 나가 있으면서 분노를 다스린다. 그리고 소피는 다시 집으로 돌아와 화목하게 지내는 이야기이다.

출처: 몰리 뱅 글 · 그림(2013). 소피가 화나면, 정말 정말 화나면. 책읽는곰.

(2) 제목 동일한 그림책 분석하기 / 같은 작가가 쓴 여러 작품 분석하기

전래동화 『팥죽 할멈과 호랑이』는 제목은 같지만 문학적, 미술적 요소가 다소 다르게 구성되어 있다. 서정오, 김성민, 소중애, 조대인 작가가 글 작가로 내용의 흐름과 전개는 동일한데 그림책에 가미된 소재들이 다소 다르다. 그림을 표현한 것도 수채화, 한지기법 등으로 다양하다. 따라서 유아들이 이와 같은 작품들의 소재, 그림표현, 앞 · 뒤표지 분석을 통해 가장 재미있는 내용, 재미있는 표현이 있는 그림책을 선정해 볼 수 있다. 또한 공통점과 차이점 분석을 통해 논리적 사고를 향상시킬 수 있다.

한편 같은 작가가 쓴 여러 작품을 읽어 보고 문학적, 미술적 요소의 공통점을 찾아볼 수 있다. 가령 앤서니 브라운 작품들은 가족들 사랑, 형제간 우애에 관련한 내용을 자주 다룬다. 이와 같은 내용을 찾아보고 근거에 대해 논리적으로 말해 볼 수 있다. 제목 동일한 그림책 분석하기 활동계획안은 실제 편에 제시되었다.

IV

예비 유아교사의 논리적 사고의 실제

Ⅳ.
예비 유아교사의 논리적 사고의 실제

Ⅲ장에서 유아 측면에서 사고력 함양 및 증진시킬 수 있는 교사의 지원 방법에 대해 살펴보았다. 이어서 Ⅳ장에서는 예비 유아교사 측면에서 사고력을 함양하고 함양한 사고를 적용할 수 있는 실제에 대해 살펴보고자 한다. 논술을 교육한다는 것은 어떤 의견, 주제에 대해 자신의 의견이나 주장을 논리적으로 잘 표현할 수 있도록 쓸 수 있거나 말할 수 있도록 하는 것이다. 결론적으로 논리가 중심이 된 교육이라 할 수 있다. 논술의 개념은 어떤 주제에 대해 논리적, 창의적으로 사고하여 문제를 해결할 수 있는 방법을 찾고 그 방법에 대해 타당성을 증명하여 상대를 설득하는 말 또는 글이다. 따라서 예비 유아교사의 논리적 사고를 적용할 수 있는 내용으로 논리적으로 말하기, 논리적 글쓰기에 대해 살펴보고자 한다. 또한 예비 유아교사의 비판적 읽기에 대해 다루고자 한다.

1.

논리적으로 말하기

드라마나 영화에서 흔히 등장하는 장면, 즉 어떤 기업의 제안서를 프레젠테이션 하는 장면은 누구나 한 번쯤 경험했을 것이다. 비교적 넓은 홀에서 말끔하게 차려입은 한 사원이 환하게 비추어진 조명 아래 다소 긴장된 모습을 하고 미리 준비한 프레젠테이션을 하고 있는 상황의 장면이다. 프레젠테이션을 하는 사람은 타인에게 전달하고자 하는 내용을 간결하고 정확하게 전달해야 하며 차분하게 설명하는 능력 이외에도 불시에 찾아오는 질문에 신속하게 응답해야 한다. 이 상황에서 발표자가 발표한 제안서가 채택되기 위해서는 논리적으로 말할 수 있는 기술이 필요할 것이다. 논리적으로 말하기는 하루아침에 이루어지지는 않는다. 중요한 것은 논리적으로 말하는 기술은 연습을 통해 기술 습득이 가능하다는 것이다.

논리적인 사람이란 자신이 주장하고자 하는 내용에 분명한 이유가 있고 타인의 의견을 존중하고 냉정하게 교섭할 수 있다. 따라서 논리적으로 말하기란 자신이 하고자 하는 주장 또는 말에 분명한 근거를 가지고 구체적으로 이유를 설명함으로써 상대방이 의문점을 갖지 않도록 할 수 있다. 논리적으로 말하기 위해서는 일반적인 화법의 기본 포인트, 경청하는 자세, 전달력 있는 목소리, 다소 낮은 톤으로 말하기, 바른 자세, 편안한 표정, 적당한 비언어 사용하기가 요구된다.

1) 논리적 말하기의 기본 화법

- **말하려는 문장을 짧고 간결하게 사용한다.**

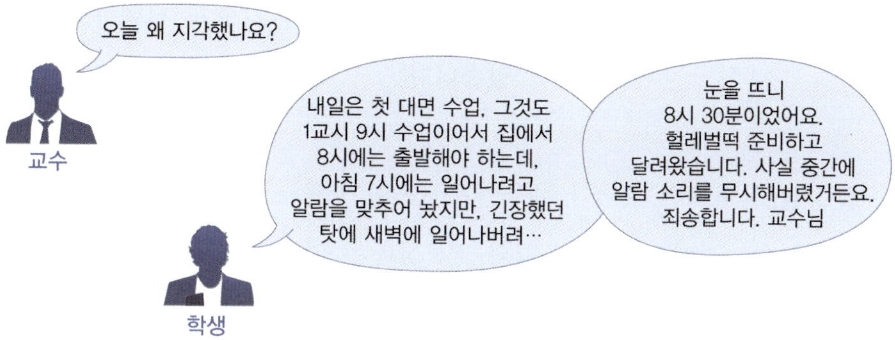

"내일은 첫 대면 수업 그것도 1교시......" 학생이 대답한 문장은 너무나 많은 연결어미를 사용해 말을 이어 나가고 있다. 듣는 사람은 학생이 지각한 이유를 너무 길게 설명하고 있어 다소 지루하고 명확하게 핵심이 들리지 않는다. 그런데 오른쪽 말풍선에 제시된 것처럼 마침표를 사용해 이야기를 짧게 끊어 대답하니까 듣기가 수월하고 명확하게 지각한 이유가 잘 들린다. 결국 학생이 말한 정확한 지각 사유는 알람이 울렸지만 듣지 못해 아침 8시 30분에 일어나 버린 상황이다.

이처럼 화자가 짧게 한 문장으로 정리해서 말을 이어 나가면 청자는 듣기도 편안하고 화자가 말한 내용을 이해하기 쉽다. 게다가 화자가 짧은 문장을 사용하면 청자에게 활기차게 들리는 효과도 있다.

- **주어를 분명하게 사용한다.**

주어와 술어는 일반적으로 '무엇(주어)이 ~~하다(술어)', '무엇(주어)은 무엇이다(술어)'로 구성된다. 다음 문장을 읽어 보자.

"줌(zoom) 화상회의 말고 카톡방에서 만나 회의해도 되죠? 카톡방 운영은 상대방과 접촉의 우려가 낮아 그렇게 진행하고 있습니다."

이 문장을 살펴보면 주어가 누구인지, 즉 누가 줌(zoom)을 사용하지 않고 카톡방을 운영하는지가 분명하지 않다. 이 상황은 얼마 전 ○○대학교 유아교육과 인형극 동아리 회장이 동아리 지도교수에게 찾아와 인형극 공연 준비 사항에 대해 보고하는 상황이다. 동아리 회장에 따르면 코로나 상황으로 인해 연출, 소품, 배우팀이 협의와 연습을 어떻게 해야 하는지 고민이라고 했다. 동아리 지도교수는 되도록 줌(zoom)을 활용해 협의하는 것이 좋을 것 같고 사회적 거리두기가 완화되기 전까지는 되도록 모이지 말라고 조언해 준 상황이었다.

따라서 위 문장은 주어, 즉 동아리 회원(무대, 소품, 배우, 연출팀)들이 화상회의보다는 카톡방을 운영하고 싶다고 전달하는 내용이다. 청자가 이와 같은 맥락을 이해하고 있다면 상식적으로 주어가, 즉 주체가 누구인지 가늠할 수 있다. 하지만 맥락이 설명되지 않은 상황에서는 화자와 청자가 주고받은 이야기의 내용을 이해하기 어렵다.

"교수님!! 동아리 회원들이 화상회의보다는 카톡방에서 만나고 싶어 합니다. 그리고 제가 카톡방에서 협의하고 논의한 활동 내용을 캡처해서 활동일지를 작성하도록 하겠습니다."

위 문장에서 주어 '동아리 회원', 술어 '싶어 합니다', 주어 '제가', 술어 '하겠습니다.'와 같이 사용하여 내용을 이해하는 데 수월하다. 또한 주어를 문장의 맨 앞쪽에서 사용하면 중요한 내용을 쉽게 파악하고 이해할 수 있다.

- **정확한 어구를 선택해라.**

어구란 말의 마디나 구절을 말한다. 우리가 말을 할 때는 단어를 선택하고 조합하여 이야기한다. 우리나라의 단어는 의미하는 바가 정해져 있지만 사용하는 어구에 따라 의미에 대한 전달이 달라질 수 있다.

- **적절한 접속어구(접속사, 연결어미)를 사용해라.**

접속사는 단어와 단어, 구절과 구절, 문장과 문장을 이어 주는 역할을 한다. 접속사를 분류하면 〈표 18〉과 같다.

〈표 18〉 접속사에 따른 의미

접속사의 의미	접속사
앞 뒤 내용 연결	그러니까, 그래서, 따라서, 그러므로 등
앞 뒤 내용과 상반된 것	그러나, 하지만, 그런데, 그래도 등
앞의 내용에 덧붙일 때	그리고, 또한, 게다가, 아울러, 더욱이, 그와 더불어, 나아가 등
앞의 내용의 말을 바꾸어 설명할 때	즉, 이를테면, 예를 들어 등
앞의 내용에 이유 등을 보충할 때	왜냐하면, 단, 하기는, 덧붙여 등
어느 한 쪽을 선택할 때	또는, 혹은 등
화제를 바꿀 때	그런데, 자, 그럼, 그건 그렇고 등

연결어미란 어간에 붙어 다음 말에 연결하는 구실을 하는 어미이다. 종류는 '-게', '-고', '-(으)며', '-(으)면', '-(으)니', '-아/어', '-지'가 있다.

접속사와 연결어미를 잘 사용한다면 청자에게 앞으로 전개될 이야기를 예측하도록 돕는다. 예를 들어, 핸드폰에 문자 알림이 왔다. 오랜만에 제자한테 온 장문의 문자다.

"교수님, 안녕하세요? 잘 지내시고 계시죠? 바쁘시겠지만....."

위 문장은 '아, ○○ 제자가 나에게 부탁할 게 있구나' 하고 예측할 수 있다. 우리는 타인의 말을 들을 때나 글을 볼 때 다음에 올 말이나 글을 예측해서 듣거나 볼 수 있기 때문에 적절한 연결어미를 사용하면 좋다. 앞의 상황에서 교수는 제자가 무엇을 부탁했는지 또 내가(교수) 부탁한 내용에 대해 무엇을 해줄 수 있는지 가늠하고 대응할 수 있다. 마찬가지로 접속사가 없이 사용한 말을 들을 때 다음의 내용을 예측하기 어렵다.

"구름 한 점 없이 드높은 가을 날씨가 너무 좋다" 이 문장만으로는 다음에 어떤 이야기가 전개될지 전혀 예측하기가 어렵다. **"일을 했다"**일 수도 있고, **"친구랑 나들이 갔다"**일 수도 있다.

그러나 "구름 한 점 없이 드높은 가을 날씨가 너무 좋다. <u>그래서</u>"의 접속사를 사용하면 그 뒤에 이어질 이야기를 예측하기 쉽다. 가령 **"구름 한 점 없이 드높은 가을 날씨가 너무 좋다. 그래서 친구와 가까운 곳으로 산책을 나갔다"**가 되어 청자에게 예측하기 쉽게 할 수 있다.

다음은 유아교육기관에서 교사회의 시간에 가을 야외학습 장소를 결정해야 하는 상황에서 접속사를 사용한 예와 그렇지 않은 예이다.

✤ 접속사를 사용하지 않은 문장

"이번 가을 야외학습 장소는 유치원 근처 공원으로 선정하였습니다. 다른 장소를 섭외하기에는 시간이 많이 필요합니다. 예약도 불가합니다. 유치원 근처 공원은 예약도 필요가 없고 예산도 들지 않아 효율적이라 생각됩니다."

✤ 접속사를 사용한 문장

"이번 가을 야외학습 장소는 유치원 근처 공원으로 선정하였습니다. **왜냐하면** 코로나19로 인해 버스를 타고 이동해야 하는 장소는 감염병 노출의 우려가 큽니다. **뿐만 아니라** 공원, 박물관 등은 예약인원을 최소화하여 받기 때문에 예약의 어려움이 초래될 것이라 예상됩니다. **게다가** 코로나19 상황이 심각단계로 격상된다면 예약 취소의 어려움이 발생하고 야외학습도 불가할 가능성이 있습니다. **따라서** 이번 가을에는 야외학습 장소를 유치원 인근 공원으로 선택하고 유아들이 행복하고 즐겁게 참여할 수 있는 프로그램을 구성하는 것이 좋습니다."

이와 같이 적절한 접속사를 사용함으로써 이번 가을 야외학습 장소를 유치원 근처 공원으로 선정할 수밖에 없는 이유에 대해 명확하게 전달되었다.

2) 논리적 말하기의 기법

2010년에 우연히 오시마 도모히데(2007)가 '논리적으로 말하는 기술'에 PREP법을 소개한 내용을 접하게 되었다. PREP법은 아주 간단하고 명료하게 정리되어 있어 논리적으로 말하기 기술을 습득하기에 안성맞춤이라 판단되어 소개하고자 한다.

PREP법이란 'Point(요점)', 'Reason(이유)', 'Example(사례)', 'Point(결론, 요약)'의 머리글자를 따서 만든 것으로 말하고자 하는 바를 순서에 따라 하는 것이다(오시마 도모히데, 2007).

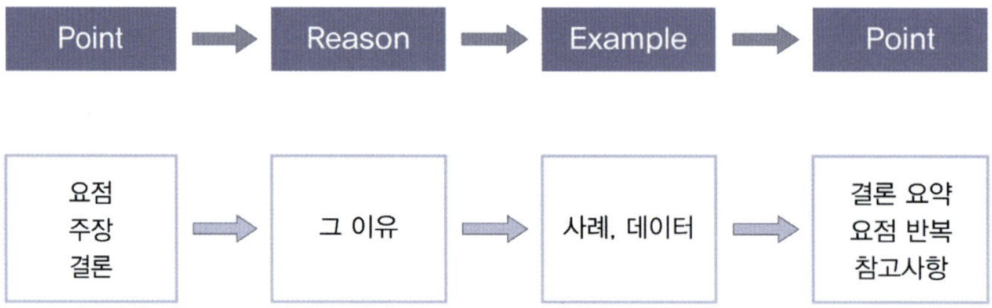

출처: 오시마 도모히데(2007). 논리적으로 말하는 기술. p.22.

일상생활 속에서의 구체적인 예를 들자면 다음과 같다.

P	나는 개를 좋아합니다.
R	개는 머리가 좋고, 인간에게 도움이 되기 때문입니다.
E	예를 들면, 안내견 · 보청견 · 치료견 그리고 경찰견과 마약수사견 등 다양한 분야에서 활약하는 개가 있습니다.
P	이처럼 도움이 되므로 나는 개를 좋아합니다.

영아와 주 양육자와의 생후 1년간 애착 형성은 매우 중요하다. 애착이란 영아와 주 양육자가 생후 1년 동안 친밀한 정서적 유대관계를 형성하는 것이다. 이 내용을 PREP법을 적용한다면 다음과 같다.

P	영아와 주 양육자와의 지속적인 친밀한 정서적 유대감 형성은 중요하다.
R	생후 1년 동안 양육자와 신뢰감 있는 정서적 유대를 통해 영아는 안정 애착을 형성할 수 있다.
E	안정 애착이 형성된 유아 80% 이상은 이후 사회성 발달, 자기조절능력에서 뛰어나다.
P	주 양육자는 영아의 요구에 민감하게 반응함으로써 긍정적인 정서적 유대감 형성을 위해 노력해야 한다.

(1) "Point(요점)"

상대방이 질문을 했을 때, 또 내가 상대방에게 무언가에 대해 말을 할 때 중요한 요점이 무엇인지 미처 파악하지 못한 경우에 말하고자 하는 내용이 달라질 수 있다. 이 외에도 내가 하고 싶은 말을 하지 못하고 대화가 끝이 나는 경우도 있다. 이와 같은 결과가 발생하는 이유는 내가 정확하게 이야기하고자 하는 요점이 무엇인지, 그리고 그 요점을 언제 이야기해야 할지 순간을 결정하지 못해서이다. 따라서 상대방과 이야기할 때 요점이 무엇인지 정확히 파악하고, 요점을 말할 순간을 포착해야 한다. 이를 위해 우리는 15초 동안 잠깐 생각을 정리해 보는 습관을 들여 보자.

- **15초 동안의 마음의 준비**
  - 요점이 무엇인지에 대한 '**무엇을**'
  - 요점은 '**언제** 말할 것인가?'
  - 요점을 '**어떤 순서**로 말할 것인가?'

'무엇을'은 말하고자 하는 핵심 요점이며, **'언제 말할 것인가?'**는 말할 기회, 즉 타이밍을 말한다. 마지막으로 **'어떤 순서로 말할 것인가?'**는 말하고자 하는 요점이 다수일 때이다.

이때 주의해야 할 점은 말하고 싶은 내용 전체에 중요도를 정해 보아야 한다.

이 원고를 쓰고 있을 때쯤 마침 유아교육과에 재학 중인 반대표로부터 걸려온 전화 한 통의 내용이다.

반대표: 교수님!! 어제 외할머니가 돌아가셔서 장례식장에 와 있어요. 다음 주 일주일 동안 학교에 갈 수 없어요. 대면 수업이라서요.

(교수는 내용을 듣는 내내 마음속으로) "출석 인정 여부를 물어보려는 건가?" 아님 "대체 과제가 무엇인지 궁금해서인가"를 생각하고 있었다.

반대표: 학과장님께 먼저 전화 드렸습니다. 아무래도 코로나 때문에 일주일 동안 자가격리하는 것이 좋을 거 같다고요. 그래서 다음 주에 개설된 대면 과목 교수님께 전화를 드리고 있어요. 그리고 수업에 참여할 수 없지만 해야 하는 과제가 있다면 연락 주시면 됩니다. 교수님!! 참, 그리고 저는 이제 부학회장이 되었고 A반 반대표는 ○○로 결정되었으니 저와 ○○에게 연락 주시면 됩니다.

위 상황에서 반대표가 말하고자 하는 요점은 무엇인가? **요점은** '다음 주 수업에 출석할 수 없다. 그리고 본인은 부학회장이 되었고 그로 인해 A반 반대표가 ○○로 선정되었다.'이다.

만약 반대표가 **"교수님! 다음 주 수업에 출석할 수 없을 거 같습니다. 이유는 외할머니가 돌아가셔서 장례식장에 왔습니다. 그로 인해 코로나19 감염 노**

출의 우려가 있습니다. 따라서 일주일 동안 자가격리가 필요하다고 판단되어 부득이하게 수업에 참여하기 어렵습니다."와 같이 PREP기법을 적용하고 '언제 말할 것인가', '어떤 순서로 말할 것인가?'에 대해 생각하고 말했다면 교수자가 듣는 내내 반대표가 말하고자 하는 것이 뭐지?라는 혼돈이 적었을 것이다.

함께 해보기

✤ 요점을 파악할 수 있는 Tip!

❶ 평소에 의식적으로 요점을 찾으려는 마음가짐을 갖고 실천에 옮겨 보자.

- 교사회의 시간이나 모임을 가진 시간이 끝난 후 오늘 이루어진 회의 또는 이야기 중 가장 중요한 내용은 무엇인가?
- 잠들기 전 오늘 가장 중요한 일, 사건은 무엇일까?
- SNS기사를 읽었다면, 유튜브를 시청했다면 가장 핵심 내용이 무엇인지 생각해 보자.

❷ 나에게 말할 수 있는 시간이 15초밖에 없다면 무엇부터 말할 것인가?

- 가장 말하고 싶은 내용을 먼저 말하고 남은 시간에 보충한다는 마음가짐으로 연습해 보자.

❸ 말해야 하는 이야기에 우선순위를 정해 본다.

- '15초 동안 생각해 보기'를 통해 무엇부터 말할 것인가에 대해 순서를 매겨 본다.

(2) "Reason(이유)"

저자는 지나가다 우연히 만나게 되는 간판에 적힌 상호명을 보면 항상 "아, 저 이름은 왜 저렇게 지었을까" 하는 "왜"라는 의문을 갖는다. 그리고 기회가 된다면 그 이유를 꼭 물어본다. 오래전에 길을 가다가 우연히 간판에 "809"라고 적힌 글자를 보았다. 며칠 후 나에게 궁금증을 해결해 줄 기회가 생겨서 "왜 상호명이 '809'이죠?" 했더니 "아, 저희 부부 결혼기념일입니다. 기념일을 상호명으로 하면 서로 결혼기념일을 절대 잊지 않을 거 같아서요"라는 대답이 돌아왔다. 이렇듯 우리가 그 어떤 이름을 정할 때, 특정 행동을 할 때 등의 상황을 설명하면 이유를 자연스럽게 알게 된다. 아래 A, B 씨 상황의 예를 보자.

"당신은 왜 운동을 하십니까?"

A **씨:** 그냥요. 기사나 뭐 이런 거 보면 운동하면 두루두루 좋지 않을까요?

B **씨:** 저는 체중감량보다는 허리가 자주 아파서 하루에 30분씩 꼭 걸어야 한다고 의사 선생님으로부터 진단받았습니다. 또한 운동을 하면 정신도 맑아지고 근력도 생겨 다음 날 활기차게 하루를 시작할 수 있어서입니다.

B 씨의 경우, 운동을 하는 구체적인 이유를 설명하고 있으며 아마도 운동을 꾸준히 지속적으로 할 가능성이 높다. 한편 A 씨의 경우 설명한 이유가 추상적으로 기술되어 신뢰감이 다소 떨어진다. 따라서 이유를 설명할 때 추상적인 내용에서 구체적인 내용으로 기술하거나 말할 수 있도록 해야 한다.

(3) "Example(사례)"

본인이 말하는 내용에 대해 상대방에게 논리성을 가지려면, 주장하는 내용에 대한 구체적인 근거를 제시해야 한다. 바로 구체성이 나타난 사례를 제시하는 것이다. 다음 대화의 내용을 살펴보자.

엄마: 핸드폰 놓고 일찍 자.
동생: 엄마도 일찍 안 자는데 왜 나만 일찍 자야 해?
엄마: 어른이잖아.
동생: 어른이면 늦게 자도 되는 거야?
엄마: 너는 일찍 자고 키 커야지.
동생: 그게 무슨 상관이야?

동생은 엄마가 왜 나만 일찍 자라고 하는지 납득이 되지 않은 상황처럼 보인다. "어른이면 늦게 자도 되는 거야?" "일찍 자야 키 크지."라고 한 엄마의 대답은 전혀 설득력이 없다. 왜 일찍 자야 하는지에 대한 구체적인 이유 및 설명, 주장에 대한 구체적인 사례를 들어 준다면 일찍 잠을 자야 하는 이유에 대해 수긍할 것이다.

엄마: 핸드폰 놓고 일찍 자.
동생: 엄마도 일찍 안 자는데 왜 나만 일찍 자야 해?
엄마: 어른이잖아.
동생: 어른이면 늦게 자도 되는 거야?
엄마: 너는 일찍 자고 키 커야지.
동생: 그게 무슨 상관이야?

누나: 너는 16살이잖아. 15~16세가 제 2성장기로 키가 클 가장 좋은 시기래. 성장판도 아직 안 닫혔고 키 많이 크려면 충분한 영양 섭취와 수면이 제일 중요해.

일찍 잠을 자야 하는지에 대한 누나의 구체적인 사례를 든 내용이 남동생에게 설득력이 있었는지 남동생은 그 길로 방으로 들어가 잠을 청했다고 한다.

사례 부분에서 활용할 수 있는 세 가지 아이디어에 대해 숫자, 사실, 상상력을 사용할 수 있다(오시마 도모히데, 2007).

- **숫자**
  객관성이라는 점에서 가장 설득력이 높다. 가격, 크기, 매출 및 점유율, 기타 데이터를 활용할 수 있다.
- **사실성(fact)**
  "이런 일이 있었다", "이런 사람이 있다"라고 사실을 소개하는 것이다. 자신의 체험담, 전해들은 다른 사람의 체험담, 정보 지식을 활용할 수 있다.
- **상상력**
  홈쇼핑에서 가끔 쇼호스트가 판매하고자 하는 상품의 무게에 대해 궁금한 시청자들을 위해 "이 물건의 무게는 잘 익은 부사 사과 한 개의 무게보다 가볍습니다"라고 설명한다. 이 설명을 들은 시청자들은 실제 사과를 한 개 들어 봤던 경험을 상상해 보면서 팔고 있는 상품의 무게를 가늠할 수 있다. 이와 같은 방법으로 사례에 대해 상상을 해 보도록 하는 아이디어이다.

(4) "Point(요약)"

PREP기법의 마지막 P는 서두의 P에 대한 반복으로 마무리된다. 처음 요점과 같이 완전히 똑같이 요약으로 마무리할 필요는 없다. 하지만 처음에 말하고자 하는 요점과 마무리에서 주장하고자 하는 요약의 내용에는 공통점이 반드시 있어야 한다. 이와 같이 주장하고자 하는 내용을 반복하는 데에는 듣는 사람의 기억을 촉진시킬 수 있다. 마지막으로 내가 주장하고자 하는 핵심을 정확히 끝맺음할 수 있다.

지금까지 논리적으로 말하는 기술을 훈련할 수 있는 PREP기법에 대해 설명하였다. 참고로 PREP기법의 P, R, E, P를 이끄는 어구를 〈표 19〉에 제시하였다. 다음에서 제시된 어구를 사용해서 말을 할 기회를 자주 갖는다면 논리적으로 말하기에 많은 도움이 될 것이다.

〈표 19〉 PREP기법의 P, R, E, P를 이끄는 어구

구분	어구
서두의 '요점'을 이끄는 어구	• "저는 ~입니다"("찬성입니다", "반대입니다") • "저는 ~하는 편이 좋다고 생각합니다" ("~을 권해 드립니다", "~해야 한다고 생각합니다" 등) • "결론부터 말씀드리면 ~입니다" • "제가 여기서 말씀드리고 싶은 것은 ~입니다" • "가장 중요한 것은 ~입니다"
'이유'를 이끄는 어구	• "왜냐하면 ~이기 때문입니다" • "그것은 ~이기 때문입니다" • "그 이유는 ~입니다" • "그것은, ~라는 이유에 의합니다"
'사례'를 이끄는 어구	• "예를 들면" • "구체적으로 말씀드리면" • "예를 들겠습니다." • "○○의 경우를 보면"

	• "이것은 ○○의 경우입니다만" • "만약 ○○라고 합시다. 그러면" • "그런데 여기서 ○○에 대해 생각해 봅시다"
마지막 P(결론 · 요약)를 이끄는 어구	• "이상과 같은 점에서" • "결론적으로" • "다시 말씀드립니다만" • "마지막으로 말씀드리고 싶은 것은" • "여차여차하여 여러분이 ~해 주셨으면 합니다" • "꼭 ~합시다"

출처: 오시마 도모히데(2007). 논리적으로 말하는 기술. p.89, 112, 119, 164.

함께 해보기

✤ 논리적 말하기(PREP기법)

❶ 우리 일상생활에서 또는 유아교육 전공 관련 분야에서 내용을 찾아 PREP기법을 활용해서 논리적 말하기를 해 봅시다(조별).

❷ 1번 활동의 조 발표를 통해 가장 설득력 있게 논리적으로 말한 조를 선정해 봅시다.

3) 유아교육기관에서 논리적 말하기 실제

(1) 교사회의 시간에 회의 안건에 대해 의견 말하기

유아교육기관에서는 교육과정, 행사, 기타 안건에 대해 계획하기 위해 교사회의를 주기적으로 진행한다. 주로 연령별로 담임 교사 및 주임 교사 또는 원감(원장)선생님과 회의가 진행되기도 하고 전체 교사 모두 모여 회의를 개최하기도 한다. 이때 각 연령에서 회의 안건에 대해 의견을 말해야 하는 상황이 생긴다. 회의 안건에 대해 동의할 때도 있지만 다른 생각이 있을 때 주저하지 말고 의견을 이야기해야 한다. 이왕이면 내가 제안한 의견이 다른 교사들에게도 공감되었으면 하는 마음도 있다. 따라서 다양한 회의 안건에 대해 나의 의견을 보다 논리적으로 말할 필요가 있다. 아래 상황에 따라 교사회의가 진행되고 있다.

✤ 상황

코로나19가 아직 종식되지 않고 있지만, 청명한 가을에 야외학습을 어떻게 할 것인지에 대해 회의가 진행되고 있다. 이미 가을 야외학습은 진행하는 것으로 결정된 상황이다.

회의 안건) 가을 야외학습 장소 선정

교사 1)

Point

만 5세를 대상으로 유치원 앞마당에서 단풍잎과 은행잎, 나뭇가지 등 낙엽을 주워서 <u>길을 만들고 게임활동</u>을 할 예정입니다.

Reason
현재 코로나19로 인해 사회적 거리두기로 사람들과 접촉을 최소화하기 위해 유치원 앞마당에서 활동을 진행하는 점을 고려하였습니다.

Example
유치원 앞마당에 떨어져 있는 나뭇가지와 낙엽을 줍는 체험활동을 하면서 반 아이들과 함께 길을 만들어 보며 코로나19로 인한 안전수칙을 지키며 활동할 것입니다.

Point
코로나19 안전수칙을 지키며 유아들과 활동을 할 수 있고 안전하게 사람들과 접촉이 없는 활동이라는 것에서 적합하다고 생각합니다.

교사 2)

Point
만 5세 대상으로 체험, 간식, 산책 3조로 나누어 고구마 농장 체험을 할 예정입니다.

Reason
코로나19로 인해 실내활동이 불가한 상황이며 학부모님께서도 사전 설문조사 결과, 고구마 농장 체험활동 괜찮다고 생각하시는 점을 고려하여 계획하게 되었습니다.

Example
3개의 조로 나누어 체험활동 시간을 다르게 하며 체험활동 시 깃발을 이용하여 자리를 지정하는 등 사회적 거리 유지를 지키며 활동할 예정입니다.

Point
사회적 거리 유지를 지키며 코로나19 노출 우려도 최소화하고 유아의 신체 및 정서 발달 증진에 도움이 되는 고구마 농장 체험활동이 적합하다고 생각했습니다.

질문) 만약 여러분들은 어떤 교사가 제안한 장소를 선택하시겠습니까? 그 이유를 PREP기법을 사용해서 말해 봅시다.

교사 1)의 경우,

Point
만 5세를 대상으로 유치원 앞마당에서 단풍잎과 은행잎, 나뭇가지 등 낙엽을 주워 길을 만들고 게임활동을 할 예정입니다.
→ **유치원 앞마당에서 자연물을 주워 와 길을 만들고 게임활동 제안**

Reason
현재 코로나19로 인해 사회적 거리두기로 사람들과 접촉을 최소화하기 위해 유치원 앞마당에서 활동을 진행하는 점을 고려하였습니다.
→ 원내 유아들은 접촉이 있을 수 있기 때문에 **외부 불특정 다수의 사람들**

Example
유치원 앞마당에 떨어져 있는 나뭇가지와 낙엽을 주워 오는 체험활동을 가지고 반 아이들과 함께 길을 만들어 보며 코로나19로 인한 안전수칙을 지키며 활동할 것입니다.
→ **먼저 구체적인 게임활동 및 내용이 제시되지 않았고**
게임활동과 길을 만들어 보는 활동을 동시에 진행할 것인지, 인원수를 구분하여 소그룹으로 진행할 것인지, 마지막으로 안전 수칙에 대한 구체적인 내용이 없음

*** 구체적인 예시가 제시되지 않음**

Point
코로나19 안전수칙을 지키며 유아들과 활동을 할 수 있고 안전하게 사람들과 접촉이 없는 활동이라는 것에서 적합하다고 생각합니다.
→ **앞에서와 동일하게 외부 불특정 다수의 사람들과 ~~**

교사 2)의 경우,

Point
만 5세 대상으로 체험, 간식, 산책 3조로 나누어 고구마 농장 체험을 할 예정입니다.
→ **가장 우려하고 있는 유아들의 밀집도를 최소화하기 위해 3개 조로 나누어 활동을 계획한 점이 부각되고 있음**

Reason
코로나19로 인해 실내활동이 불가한 상황이며 학부모님께서도 사전 설문조사 결과, 고구마 농장 체험활동이 괜찮다고 생각하시는 점을 고려하여 계획하게 되었습니다.
→ **학부모님의 설문조사 결과 반영은 코로나19 상황임에도 불구하고 야외학습을 결정하게 된 이유를 잘 보여 주고 있음**

Example
3개의 조로 나누어 체험활동 시간을 다르게 하며 체험활동 시 깃발을 이용하여 자리를 지정하는 등 사회적 거리 유지를 지키며 활동할 예정입니다.
→ **구체적인 사례, 즉 체험활동을 3개 활동으로 구분하여 다른 시간대로 배치한 내용, 깃발을 사용해 안전거리 유지에 대해 밝히고 있음**

Point
사회적 거리 유지를 지키며 코로나19 노출 우려도 최소화하고 유아의 신체 및 정서 발달 증진에 도움이 되는 고구마 농장 체험활동이 적합하다고 생각했습니다.
→ **코로나19 노출 우려도 최소화하고 야외학습도 할 수 있는 장소임을 요약하고 있음**

(2) 부모 상담

일반적으로 유아교육기관에서 학기 초, 학기 말, 수시로 부모님과 상담 시간을 갖는다. 영유아의 발달상황, 유아교육기관에 적응 등에 대해 부모님은 궁금해하신다. 교사들은 자녀들에 대해 궁금해하실 상담한 자료를 꼼꼼하게 미리 준비한다. 교사는 준비된 자료를 토대로 유아의 전반적인 내용에 관해 논리적으로 말하는 기술이 필요하다.

❖ 상황

학기 초가 지난 4월 중순쯤~~
유아들은 입학하고 적응이 어느 정도 된 4월 중순쯤 부모와 자녀의 발달 등에 대해 개별 상담을 계획하고 있다.

장소) 각 반 교실
부모님의 궁금 사항) 자녀의 사회성 발달 영역

교사 1)

교사:
어머님, 안녕하세요? △△ 유아를 담당하고 있는 ○○○ 교사입니다. △△ 유아가 입학한 지 어느덧 두 달이 지나가고 있네요. 유치원 생활은 비교적 잘 하고 있습니다.

부모:
선생님, 우리 △△가 친구들과 잘 지내고 있는지 궁금합니다. 외동으로 자라다 보니 무엇보다도 사회성이 제일 중요한 거 같아서요.

교사:
네. 그렇죠. △△는 성격이 원만하여 친구들과 잘 지내는 편입니다.

부모:
아, 다행입니다. 간혹 놀이터에서 놀이하는 △△를 보면 혼자 놀 때도 있어 보이고 다른 유아들이 놀이하는 것을 지켜만 보는 모습을 종종 보았거든요.

교사:
아마 놀이터에 오는 친구들이 생소해서 그럴 수 있습니다. 유치원에서는 배회한다거나 놀이하는 것을 바라만 보는 모습은 찾아볼 수 없었어요.
→ **사회성을 궁금해하시는 부모님께 △△의 사회성 발달 상황에 대한 내용은 구체성이 부족하며 놀이터에서 보이는 △△의 행동에 대한 교사의 설명이 애매하고 확신이 없어 보인다.**

교사 2)

교사:
어머님, 안녕하세요? △△ 유아를 담당하고 있는 ○○○ 교사입니다. △△ 유아가 입학한 지 어느덧 두 달이 지나가고 있네요. 유치원 생활은 비교적 잘 하고 있습니다.

부모:
선생님, 우리 △△가 친구들과 잘 지내고 있는지 궁금합니다. 외동으로 자라다 보니 무엇보다도 사회성이 제일 중요한 거 같아서요.

교사:
성격이 원만하여 두루두루 잘 지내고 있으며 특히, 지현이와 서현이 친구와 놀이하는 것을 좋아합니다. 블록놀이, 역할놀이 영역에서 다양한 놀잇감을 가지고 활발하게 놀고 있으며 활동 시에도 자신의 의사를 적극적으로 표현하여 활동에 참여하고 있습니다.

부모:
아, 다행입니다. 간혹 놀이터에서 놀이하는 △△를 보면 혼자 놀 때도 있어 보이고 다른 유아들이 놀이하는 것을 지켜만 보는 모습을 종종 보았거든요.

교사:
아마 놀이터에 오는 친구들이 생소해서 그럴 수 있습니다. 유치원에서는 배회한다거나 놀이하는 것을 바라만 보는 모습은 찾아볼 수 없었어요. 놀이터의 새로운 친구들과 조금 친해질 기회를 마련해 주신다면 유치원에서처럼 친구들과 활발하게 놀이에 참여할 수 있을 것이라 생각됩니다.

→ **유치원 교실에서 △△ 유아가 구체적으로 누구와 친하게 지내는지, 또 주로 어떤 놀이에 참여하는지, 참여하는 적극성의 정도를 잘 말하고 있음. 놀이터에서의 △△의 행동에 대해서도 구체적인 설명과 더불어 대안책을 말함으로써 부모로부터 자녀가 사회성 발달이 잘 되어 있음을 안심시킬 수 있었음. 게다가 교사에 대한 신뢰감 형성이 되었을 것임.**

(3) 교사 채용 면접 상황

유아교육과 졸업을 앞두고 유아교육기관에 취업하기 위해 입사지원서, 자기소개서, 이력서 등을 준비하게 된다. 예비 유아교사 입장에서는 해당 유치원 면접을 위해 포트폴리오, 외모 점검, 논리적 말하기 등을 체크하고 연습하게 된다. 면접 당일에는 너무 긴장한 나머지 준비한 것을 모두 발휘하지 못할 수도 있고 이런 상황과 반대로 충분히 면접을 성공적으로 마쳤을 수도 있다. 원장님께서 면접에 응하는 예비 유아교사를 신입 교사로 채용하기 위해 인성, 전문성, 건강 등의 부분에서 면접 질문을 한다. 이때 예비 유아교사는 질문에 대해 차분하면서도 논리성을 지닌 대답을 해야 한다. 따라서 신뢰감 있는 눈빛, 자세 및 태도, 단정한 용모를 겸비하면서 본인이 가진 장점을 최대한 활용해 면접에 응해야 할 것이다. 아래 교사 채용 면접 상황 질문을 사용해 모둠별로 연습해 보면 도움이 될 것이다.

함께 해보기

❖ 유아교육기관에서 논리적 말하기

교사 채용 면접 상황

질문 1: 동료 교사와 팀워크를 잘 이루기 위해서 해야 할 마음가짐 및 자세는?

질문 2: 자기가 가지고 있는 장점, 단점으로 어떻게 반을 운영할 것인가요?

질문 3: 내가 담임이 된다면 내 머릿속에 생각하고 있는 반(환경) 구성을 구체적으로 말해 보세요.

질문 4: 교육실습을 나갔을 때, 수업을 한 경험을 회상해 보세요. 어떤 수업이 잘 되었으며 그 이유를 말해 보세요. 반대로 어떤 수업이 어려웠는지, 그 이유에 대해 말해 보세요.

2. 논리적 글쓰기

한 편의 글이 완성될 때까지 과정은 노동에 비유할 만큼 매우 힘들다. 근사한 글은 수없이 반복되는 연습을 통해 훈련된 결과이다. 글쓰기는 말하기와는 달리 중간 중간에 쓴 내용을 검토하는 과정을 거쳐 수정될 수 있다는 점이다. 옛말에 글을 잘 쓰기 위해서는 '삼다(三多)'가 필요하다고 했다. 많이 읽고, 많이 써 보고, 많이 생각하는 것이다. 유튜브 채널에 등록된 유시민 작가의 '글쓰기 세 가지 방법(2016년 3월 1일)'에서는 가장 글을 쉽게 쓸 수 있는 세 가지 방법에 대해 소개하고 있다. 첫째, 내가 쓰고자 하는 주제를 끝까지 잊지 말고 글을 써야 한다. 둘째, 주제에 대해 글을 쓸 때 가장 중요한 정보를 소개해야 한다. 셋째, 되도록 가장 짧은 단문으로 써야 한다. 이와 같은 방법이 반영된 완성된 글을 읽는다면, 독자가 읽기도 쉽고 기억하기도 쉽다. 유튜브의 내용 중 '너무 멋있게 글을 쓰려 하지 말자'라는 말이 공감되었다. 우리는 유명한 작가가 될 학생이 아니라 장차 유아교육기관의 교사가 될 예비유아교사이다. 따라서 너무 멋있는 글을 쓰기보다는 가장 쉬우면서 명확하게 전달할 수 있는 간단한 글쓰기 기술, 글쓰기 과정을 배우는 것이 도움이 될 것이다. 이를 위해 유아교육기관에서 필요한 글쓰기의 실제를 경험하도록 책의 내용을 구성하였다.

경험해보기

✣ **유튜브 통해 글쓰기 방법 시청하기**

1) 일반적인 글쓰기 기술

(1) 되도록 단문으로 쓰기

하나의 문장에는 하나의 주어와 술어만 있도록 아주 간결하게 쓰도록 한다. 간결체로 쓴 글은 독자로 하여금 읽기 쉽고 이해하기도 쉽다. 만약 내가 쓰고자 하는 글의 문장이 길다면 전달하고자 하는 내용이 무엇인지 골라 보고 문장을 하나씩 간결하게 잘라 보는 것도 좋다. 아래 예시 1) 내용의 문장을 잘라 낸 결과가 예시 2)이다.

예시 1)

중용이는 블록을 가지고 쌓기놀이를 하면서 계속 친구들의 활동을 방해하고, 다른 유아들이 불만을 이야기하고 짜증을 내니까 중용이가 웃으며 또 장난한다. 다른 친구들은 "그만 하라고" 친구를 불편하게 하지 말라고 하자 중용이는 "같이 놀고 싶다"고 말한다. (2문장)

예시 2)

중용이는 블록을 가지고 쌓기놀이를 하면서 계속 친구들의 활동을 방해한다. 다른 유아들이 불만을 이야기하고 짜증을 낸다. 그러자 중용이가 웃으며 또 장난한다. 다른 친구들은 "그만 하라고" 친구를 불편하게 하지 말라고 말했다. 그러자 중용이는 "같이 놀고 싶다"고 말한다. (5문장)

(2) 쉬운 말로 쓰기

글을 쓰는 사람은 단일 인물이지만 글을 읽는 독자는 남녀노소 매우 다양하다. 다양한 독자의 눈높이에 맞추어 최대한 글을 쉽게 써야 한다. 추상적인 단어나, 너무 어려운 어휘를 선택한다면 독자는 글 읽기에 흥미가 떨어지고 심지어 글을 이해하기 어려울 수도 있다.

(3) 주어와 술어를 연결해 보기

문장이 길어신다면 주어와 술어가 일치하지 않는 문장을 쓰기 쉽다. 내가 쓴 문장의 주어와 술어 사이가 굉장히 멀다면 주어와 술어가 일치하지 않을 가능성이 있어 비논리적 문장으로 표현될 수 있다. 따라서 문장은 간단명료하게 쓰고 주어와 술어가 일치하여 의미가 전달되는지 확인하는 절차가 필요하다.

(4) 어휘 사용

① 다양한 어휘 사용하기

특정 주제에 대해 글을 쓰다 보면 독자에게 전달하기 위한 적절한 어휘를 선택해서 사용한다. 우리가 사용하는 어휘는 미묘하게 차이가 있지만 비슷한 의미로 사용할 수 있는 종류의 어휘가 많다. 만약 한 편의 멋진 글을 쓸 때 똑같은 어휘만 선택해서 쓴다면 독자는 지루함을 느낄 수 있다. 따라서 평소에 풍부하고 다양한 어휘를 사용할 수 있도록 산문집, 수필집 등을 읽고 특정 어휘를 수집해 보거나 어휘 사용에 있어 유창성을 기를 수 있도록 노력해야 한다.

그림책 『곰 사냥을 떠나자』에 비슷한 의미로 사용되지만 미묘한 차이가 있는 의성어와 의태어가 많이 등장한다. 예를 들어 사각사각/사각서걱, 덤벙텀벙/텀벙텀벙, 처벅처벅/철벅철벅, 살금살금/살금슬금 등이다. 또한 우리 기분이나 정서 상태를 표현할 수 있는 어휘도 무궁무진하다. 예를 들어, '소심한', '주눅이 든', '수줍은', '부끄러운', '새초롬한'은 모두 비슷한 상태를 표현해 준다. '외로운', '쓸쓸한', '씁쓸한', '우울한', '울적한'도 모두 '외롭다'를 표현할 수 있는 어휘이다.

- **'꽃', '산', '구름'**에 대하여 생각나는 다양한 어휘들은 어떤 것이 있을까?
  - **'꽃'**:
  - **'산'**:
  - **'구름'**:
- **음식의 맛**을 나타내는 다양한 어휘들은 어떤 것이 있을까?
  칼칼하다, 얼큰하다, 짭조름하다 ....

② 적절한 어휘 사용하기

특정한 어휘를 선택할 때 주의를 기울여야 하는 점은 어떤 어휘를 선택해서 사용해야 가장 효과적인 표현이 될 수 있는가 하는 점이다. 의미상으로는 유사하게 사용되어도 그 어휘가 사용되는 문맥에 따라 적절하지 못한 경우가 있다. 예를 들어 '코로나19로 인해 온라인 수업이 장기화되고 있다. 온라인 수업의 문제를 찾아 치유할 방법을 강구해야 한다.' 여기서 온라인 수업의 문제는 '치유'의 대상이 아니다. '치유'는 '병든 곳을 낫게 한다.'의 의미를 강하게 내포하므로, '치유'보다는 '해결방안' 또는 '해결책'으로 고쳐야 문장이 적절해진다.

• 도서관에서는 **고요히** 다녀야 한다. (고요히 →)
• 노인과 영유아는 **체력**이 약해서 독감에 걸리기 쉽다. (체력 →)

(5) 어법에 맞게 표현하기

① '붙이다'와 '부치다'

아래 두 문장을 보자. 과연 이 문장에서 사용한 어휘는 정확하게 맞는 것일까?

나는 오늘 집으로 택배를 **'붙였어'**.
경비아저씨가 내 차에 주차금지 스티커를 **"부쳤어"**.

정답은 둘 다 틀리게 사용된 예이다. **'붙이다'**는 '붙다'의 의미를 가진 경우로 '맞닿아 떨어지지 않게 하다.'의 의미를 지닌다. 따라서 '봉투에 우표를 붙이다.', '계약서에 조건을 붙이다.' 등에 사용된다. 한편 **'부치다'**는 '편지나 물건 따위를 일정한 수단이나 방법을 써서 상대에게 보내다.', '어떤 문제를 다른 곳이나 다른 기회에 넘기어 맡긴다.'의 의미를 지닌다. 따라서 '편지를 상대방에게 부친다.'로 '붙다'의 의미가 전혀 내포되어 있지 않다.

② '다르다'와 '틀리다'

'다르다'는 '비교가 되는 상대가 서로 같지 않다.'의 의미로 사용된다. 반면 '틀리다'는 '수 셈하기 또는 사실 따위가 그르게 되거나 어긋나다.'의 의미로 사용된다.

• 대학 지원 학과에 대한 엄마와 자녀의 생각이 **틀립니다.** (틀린 어휘 사용)
→ 대학 지원 학과에 대한 엄마와 자녀의 생각이 **다릅니다.** (맞는 어휘 사용)

③ '맞히다'와 '맞추다'

'맞히다'는 '(정답, 총 따위)를 맞게 하다.'의 의미로 사용된다. 한편 '맞추다'는 '떨어져 있는 부분을 제자리에 맞게 대어 붙이다.'의 의미로 사용된다.

• 가면을 쓴 사람이 누구인지 말씨나 행동으로 **맞힌** 사람이 많다. (맞는 어휘 사용)
• 새집으로 이사한 친구의 집들이에 친구의 취향에 **맞추어** 집들이 선물을 준비했다. (맞는 어휘 사용)

④ 조사 '로서'와 '로써'

'-(으)로서'는 어떤 지위나 자격을 가진 처지에서의 의미를 지닌다. 한편 '-(으)로써'는 세 가지로 구분해서 다음과 같이 설명할 수 있다.

- 어떤 물건의 재료나 원료를 나타낸다.
- 어떤 수단, 방법을 가지고서를 나타낸다.
- 시간을 셈할 때 셈에 넣는 한계를 나타낸다.

• 학교 선배가 아니라 친구**로서** 조언해 줄게.
• 쌀로**(써)** 떡을 만들 수 있다. 학교에서 은퇴한 지 올해**로써** 5년이 된다.

⑤ 종결 표현 '-데'와 '-대'

'-데'는 과거에 직접 경험한 내용임을 표시하며 '-더라'의 의미를 지닌다.

'**−대**'는 주로 다른 사람의 말을 전달할 때 쓰이며 '−다(고) 해'가 줄어서 된 말이다.

- 가을 날씨가 너무 좋아 산책을 하는데, 단풍이 너무 예쁘**데**.
- 코로나19로 인해 가족들끼리만 모여 결혼했**대**.

⑥ **'쫓다'**와 **'좇다'**

'쫓다'는 어떤 대상을 잡거나 만나기 위하여 뒤를 급히 따른다는 의미를 지닌다. 한편 **'좇다'**는 목표나 행복 등을 추구하거나 남의 말이나 뜻을 따른다는 의미를 지닌다.

- 프로야구 경기에서 두 팀이 **쫓고 쫓기**는 숨 막히는 경기를 벌이다.
- 선생님의 의견을 **좇기**로 하다.

⑦ **'왠지'**와 **'웬지'**

'왠지'는 **'왜인지'**의 준말이다. '웬지'를 쓰는 것은 잘못이다. 한편 **'웬'**은 '어찌 된, 어떠한'의 의미를 지닌다.

- 해가 일찍 지니 **왠지** 모르게 서글프다.
- 이 밤중에 **웬** 소란이지?

(6) 붙여쓰기

조사는 반드시 앞말에 붙여 쓴다.

> • '이'/'가', '을'/'를', '에게', '도', '이다', '처럼', '까지', '에서부터' 등
> 학부모**가**, 유아의 행복**을**, 친구**에게**, 유아**도**, 도구**처럼**, 어디**까지**, 교육**에서부터**

(7) 띄어쓰기

① 의존명사는 앞말과 띄어 쓴다.

> • '것', '리', '대로', '수' 등
> 내 **것**, 그럴 **리**가 없다, 유아교사가 시키는 **대로**, 할 **수**가 없었다

② 단위를 나타내는 명사는 띄어 쓴다.

> • 두 **개**, 호랑이 한 **마리**, 외투 한 **벌**, 볼펜 세 **자루**, 여섯 **살**, 신발 두 **켤레**

2) 일반적 글쓰기 단계

한 편의 멋진 글이 완성되는 과정은 계획단계부터 시작하여 집필하기 그리고 마지막 편집단계를 거친다. 이와 같은 글쓰기 과정은 순차적인 과정이다. 그러나 최근에는 순환적인 과정으로 보기도 한다. 그 이유는 글을 쓰는 과정에서 고쳐쓰기 과정이 필요하기 때문이다. 글쓰기를 위해 계획하고 집필 단계에서 글을 쓰다가도 다시 처음으로 돌아가 수정 및 교정과정을 거치게 된다.

따라서 일반적인 글쓰기 단계는 계획하기, 집필하기, 수정하기, 편집하기 과정으로 이루어진다. 이때 수정하기는 집필하면서도 이루어지기도 하며, 편집하기 단계에서도 가능하다. 각 단계마다 자세히 살펴보자.

(1) 계획하기

① 테마와 주제 정하기

테마란 글을 쓸 대상을 의미한다. 일반적으로 테마는 자신이 가장 관심 있는 분야, 가장 잘 아는 분야, 자신 있게 글을 쓸 수 있는 분야에서 선정하는 것이 좋다. 여러분들이 가장 잘 아는 분야? 또 자신 있게 글을 쓸 수 있는 분야는 무엇인가요?

테마가 글을 쓸 대상이라면 주제는 그 대상에서 본격적으로 다룰 내용이다. 예를 들자면, 유아교육전문가에게 축구에 대한 글을 쓰라고 할 수 없지 않은가? 구체적으로 '여행'이 테마가 된다면 주제는 여행과 관련되어 구체적으로 다룰 내용이다. 가령 장소와 관련된 '해안도로 여행', '제주도의 우도' 등, 여행의 목적에 관련된 '힐링 여행', '음식 축제(여행)' 등이 주제가 될 수 있다. 따라서 글을 쓰는 자신이 가장 잘 알고 있는 테마를 잡는 것이 글을 잘 쓰는 지름길이 될 수 있을 것이다.

② 설계도 구체적으로 그리기

글을 쓰고자 하는 주제가 정해졌다면 글을 잘 쓰기 위해 설계도를 구체적으로 그린다. 즉, 글을 쓰는 개요를 짜는 단계이다. 처음에는 듬성듬성하게 무슨 이야기들을 쓰고 싶은지를 나열해 볼 수 있다. 성글게 짠 개요에 대해 자세히 꼼꼼히 채워 나가는 과정이 필요하다.

③ 구성하기

글은 우리 머리에서 나오는 것이 아니라 경험과 자료에 의해서 나온다. 설계도에 담긴 내용과 관련된 자료를 찾으면서 다양한 글감을 만나게 되고 그 과정으로 인해 다시 설계도가 수정되기도 한다. 글감을 넘칠 만큼 준비한다면 좋은 글을 쓰는 데 훨씬 도움이 된다. 글을 쓸 목적이 무엇인지 점검하고 서두, 본문(전개), 마무리를 구성하는 방법, 그리고 무슨 내용들을 쓸 것인지 생각하고 구성한다.

④ 자료 수집

집필하고자 하는 내용과 관련한 자료를 다양한 방법으로 수집한다.

〈표 20〉은 "SNS 대중화"란 주제로 '계획하기' 단계에서 수행하는 과정에 대한 예이다.

〈표 20〉 "SNS 대중화" 주제로 계획하기 단계의 예

계획하기			
테마와 주제 정하기	설계도 그리기(개요)	구성하기	자료 수집
주제: SNS 대중화	SNS 대중화의 양상 SNS 대중화의 문제점 SNS 대중화의 긍정적 측면	(서두) • SNS 대중화 양상: 용어 정의, 페이스북, 인스타그램 등 (본문) • SNS 대중화의 문제점: 기다림의 상실, 만남의 상실 등 • SNS 대중화의 긍정적 측면 (결말)	SNS와 관련한 논문, 기사, 서적 등에서 관련 내용 수집

(2) 집필하기

① 서론 쓰기

서론은 글의 서두, 즉 처음에 해당한다. 논리의 출발로 가장 쓰고자 하는 논제가 분명하고 정확하게 드러나야 한다. 서두는 독자에게 매력적이고 인상 깊도록 잘 써야 한다. 따라서 서론에서 어떤 주제의 글을 왜 쓰려고 하는지, 어떻게 쓸 것인지를 포괄적으로 제시하며, 글을 쓰게 된 동기나 목적을 제시함과 동시에 글에서 다루고자 하는 과제에 대해 알려 준다.

② 본론 쓰기

본론은 글의 알맹이 부분으로 글의 가장 핵심에 해당한다. 글 쓰고자 하는 목적에 부합되는 논리성을 가진 근거를 정확하고 명확히게 제시한다.

③ 결론 쓰기

서론과 본론을 통해 제기된 글을 요약, 강조할 수 있는 부분이 결론이다. 따라서 결론에서 글을 쓰는 사람의 목적과 논지가 가장 분명하게 드러난다. 결론을 잘 쓰기 위한 두 가지 방법을 정희모와 이재성(2005)은 다음과 같이 제시하였다. 첫째, 글을 전반적으로 요약하는 방법이다. 서론에서 글의 방향을 제시한 것과 그 방향에 맞는 본론의 구체화가 결론과 필연적인 연관성을 갖도록 기술하는 것이다. 둘째, 결론에서 전망을 제시하는 방법이다. 지금까지 다루어 온 문제를 더 광범위한 맥락과 조망 속에 놓고 생각해 보거나 그 문제를 보편적인 다른 문제에 결부시켜 생각해 보는 것이 포함된다. 이때 주의해야 할 점은 전망을 잘못 이해하여 새로운 문제를 확대하거나 논제와 직접적인 관련이 없는 문제를 끌어들이지 않도록 해야 한다.

(3) 수정하기

자신이 쓴 원고를 수정하는 단계로, 소리를 내서 여러 번 읽어 보면서 수정하면 도움이 된다. 문장의 앞뒤가 맞는지, 주어 술어가 일치하는지, 너무 문장은 길지 않은지 등에 대해 확인하기 쉽다. 또 다른 방법으로 내가 쓴 원고를 다른 사람에게 보여 주는 것이다. 글이 전체적으로 이해가 되는지, 만약 이해되지 않는다면, 어느 부분이 잘 이해하기 어려운지, 전달하고자 하는 내용이 분명히 드러나는지 등에 대해 피드백 받을 수 있다.

(4) 편집하기

글쓰기의 마지막 단계로 오타 확인, 맞춤법 확인 등을 최종적으로 확인하고 원고를 점검하는 단계이다. 김제철(2008)은 글쓰기를 마지막으로 한 후 편집단계에서 할 수 있는 체크리스트 항목을 제시하였다. 읽을 수 없는 낱말이나 구절은 없는가?, 문법상 오류나 맞춤법에 오류는 없는가?, 내용 구성에서 형식상 오류는 없는가?, 비논리적이거나 근거 없는 주장은 없는가?, 과장된 표현이나 극단적인 진술은 없는가?이다.

3) 유아교육기관에서 논리적 글쓰기 실제

유아교육기관에서 교사의 글쓰기 상황은 매우 다양하다. 대부분 학부모님들께 전달할 내용을 담은 글쓰기이다. 가정통신문, 마주 이야기와 같은 연락장, 행사초대장, 수업계획 및 활동에 대한 평가, 유아 놀이상황에 대한 의미분석, 일일교육계획안 교사평가, 교육과정 운영평가 등의 상황에서 글쓰기가 필요하다. 이외에도 다양한 상황에서 글쓰기가 필요하겠지만 가정통신문, 부모님과 짧은 이야기, 수업계획 및 활동에 대한 평가, 유아 놀이상황에 대한 의미분석, 일일교육계획안 교사평가에 대한 논리적 글쓰기의 실제를 다루고자 한다.

> **Tip) 2인 1조로 수정 전 내용을 소리 내어 읽어 보고 이상한 문장, 접속사 등을 찾아보고 수정해 보면 도움이 됩니다.**

(1) 가정통신문

가정통신문의 유형은 상황에 따라 다양하다. 연간, 월간, 주간교육계획안, 다양한 행사 안내, 현장 견학 안내, 수시로 전달해야 할 필요한 내용이다. 연간, 월간, 주간교육계획안은 논리적 글쓰기보다는 계획한 활동 내용을 체계적으로 정리한 수준이다. 따라서 논리적 글쓰기의 실제는 다양한 행사 안내, 현장 견학 안내, 수시로 전달해야 하는 내용에서의 글쓰기를 안내하고자 한다.

✤ 행사안내

〈수정 전〉

유치원 제 20회 졸업식 안내

○○ 유치원 학부모 여러분 안녕하십니까?
아이들과 신나게 뛰놀고 즐겁게 노래하는 사이 스스로 척척 해내는 의젓한 형님이 되었습니다. → **주어, 술어가 맞지 않음**
아이들과의 헤어짐은 항상 아쉽지만, 행복한 추억으로 간직하려고 합니다.
그동안 저희 원을 믿고 소중한 아이들을 보내주신 모든 학부모님께 감사의 말씀을 전합니다.
더불어 씩씩하고 건강하게 자라준 아이들에게 고마운 마음을 전하고 싶습니다.
우리 아이들의 또 다른 시작에 첫발을 내딛는 졸업식에 꼭 참석하시어 사랑하는 자녀의 힘찬 새 출발을 축하해 주시기 바랍니다. → **앞에 '첫발'과 뒷부분 '새 출발'의 내용 의미가 중복**

저희 교직원들 또한 어린이들이 원에 머무는 마지막 날까지 최선을 다할 것입니다. 감사합니다.

코로나19 바이러스 감염증 확산방지를 위한 예방 차원으로 각 반에서 졸업식을 진행하게 되
→ **확산방지와 예방 차원의 의미가 중복**
었음을 참고하여 주시고 아이들과 학부모님께서는 반드시 마스크를 착용하여 참석해 주시길 바랍니다.

※ 37.5℃ 이상의 발열 또는 기침, 목 아픔 등 호흡기 증상이 있거나 방문이 어려우실 경우 유치원으로 미리 연락 부탁드립니다.

◈ 일정 안내 ◈

구분	내용
일시	2021. 2. 8. (월) 오전 10시
장소	각 반 **교실** → **일시 장소, 대상 합쳐서 한 표로 만들기**
대상	유치원아 전체
학부모 참석여부	졸업생 학부모 참석 (오전 9시 50분까지 입실 완료)
귀가방법	학부모님과 함께 귀가

* 졸업식 날에도 방과 후 활동 및 차량을 운행하오니 함께 귀가하지 못할 경우 미리 연락을 주시면 감사하겠습니다.

◈ 식순 안내 ◈

시간	내용
10:00 ~ 10:10	개회사 및 국민의례
10:10 ~ 10:20	원장님 말씀(실시간 영상으로 진행)
10:20 ~ 10:30	졸업 축하 편지 감상
10:30 ~ 10:50	감사의 시간
10:50 ~ 11:10	졸업증서 수여
11:10 ~ 11:20	졸업가 및 원가 제창
11:20 ~ 11:30	폐회사

○○ 유치원

〈수정 후〉

○○ 유치원 제 20회 졸업식 안내

○○ 유치원 학부모 여러분 안녕하십니까?
유아들이 신나게 뛰놀고 즐겁게 노래하는 사이 어느덧 스스로 척척 해내는 의젓한 형님이 되었습니다. 아이들과의 헤어짐은 항상 아쉽지만, 행복한 추억으로 간직하려고 합니다. 그동안 저희 원을 믿고 소중한 아이들을 보내주신 모든 학부모님께 감사의 말씀을 전합니다. 더불어 씩씩하고 건강하게 자라준 아이들에게 고마운 마음을 전하고 싶습니다. 우리 아이들이 즐거웠던 유치원 생활을 마무리하는 졸업식에 꼭 참석하시어 사랑하는 자녀의 힘찬 새 출발을 축하해 주시기 바랍니다. 저희 교직원들 또한 어린이들이 원에 머무는 마지막 날까지 최선을 다할 것입니다. 감사합니다.
코로나19 바이러스 감염병 확산 방지를 위해 각 반에서 졸업식을 진행하게 되었음을 참고하여 주시고 아이들과 학부모님께서는 반드시 마스크를 착용하여 참석해 주시길 바랍니다.
※ 37.5℃ 이상의 발열 또는 기침, 목 아픔 등 호흡기 증상이 있거나 방문이 어려우실 경우 유치원으로 미리 연락 부탁드립니다.

◈ 일정 안내 ◈

구분	내용
일시 및 장소	2021. 2. 8. (월) 오전 10시 / 각 반 교실
대상	유치원아 전체
	졸업생 학부모 참석(오전 9시 50분까지 입실 완료)
귀가 방법	학부모님과 함께 귀가

* 졸업식 날에도 방과 후 활동 및 차량이 운행하오니 함께 귀가하지 못할 경우 미리 연락을 주시면 감사하겠습니다.

◈ 식순 안내 ◈

시간	내용
10:00 ~ 10:10	개회사 및 국민의례
10:10 ~ 10:20	원장님 말씀(실시간 영상으로 진행)
10:20 ~ 10:30	졸업 축하편지 감상
10:30 ~ 10:50	감사의 시간
10:50 ~ 11:10	졸업증서 수여
11:10 ~ 11:20	졸업가 및 원가 제창
11:20 ~ 11:30	폐회사

○○ 유치원

❖ 수시로 전달해야 하는 상황에서의 가정통신문

유아교육기관에서는 정기적으로 발송해야 하는 가정통신문 이외에도 예상하지 못한 상황이 발생할 때 갑작스럽게 통신문을 작성해야 할 때가 종종 있다. 가령 코로나19 확산으로 인한 온라인 수업 안내, 등교 인원 축소, 대면 수업 재개, 긴급 도로공사로 인한 단수 등의 상황이 해당된다.

여기서는 온라인 수업 안내에 대한 가정통신문을 소개하고자 한다.

〈수정 전〉

온라인 수업 전환 조치 안내

학부모님 안녕하십니까?

최근 수도권 사회적 거리두기 2단계 격상하여 감염상황이 지속됨에 따라 수도권 지역 내 감염 확산 방지를 위한 선제적 조치로서 20○○.○○.○○.일자 교육부 및 경기도 교육청에 의해 강화된 2단계 조치가 실시되었습니다.

→ **문장의 길이가 길고 문맥의 순서가 맞지 않는다. 문장을 두 개로 나누고 순서를 바꿀 필요성이 제기됨**

이에 따라 ○○유치원에서도 **20○○년 ○○월 ○○일(화) ~ 20○○년 ○○월 ○○일(금)까지** 전면 **온라인 수업**으로 전환하여 실시함을 안내해 드립니다.

○○유치원에서도 유아들의 안전 및 학습 결손 최소화를 위해 최선의 노력을 다할 것을 약속

→ **'○○유치원에서도'를 ○○유치원에서는**

드리며, 가정에서도 코로나19 감염병 확산 방지를 위해 사회적 거리두기 및 방역 수칙이 잘 지켜질 수 있도록 협조 부탁드립니다.

○○ 유치원장 ○○○드림

- 온라인 수업 전환 일시: 20○○.○○.○○.(화) ~ 20○○.○○.○○.(금) 2주간
- 12월 4일 이후 일정: 방역 당국의 역학조사관(보건당국 등) 및 교육청의 지침에 따라 등교·온라인 수업 일정 결정 후 학부모님께 안내 예정

※ 키즈노트 및 담임선생님의 안내를 수시로 확인해 주시면 감사하겠습니다.

2. **돌봄교실**(긴급돌봄 포함): 맞벌이 가정 자녀 등 돌봄이 필요한 학생을 우선하되, 신청을 희망하시는 가정에서는 유치원에 연락하여 주시기 바랍니다.

3. 원격수업 운영내용
   - 누리과정 융합교재 및 놀이꾸러미 제공
     → **놀이꾸러미 내용을 궁금해하시는 분을 위한 배려가 필요함**
   - 놀이꾸러미는 각반별 정해진 날에 방문하여 **받아가** 주시기 바랍니다. → **어휘 수정**

만 3세(달님반, 별님반)	만 4세(아름반, 다운반)	만 5세(쌀반, 보리반)
11월 24일 (화) 오전 10시~오후 12시	11월 24일 (화) 오후 1시~오후 3시	11월 25일 (수) 오전 10시~오후 12시

★ 방문**하시기 어려우신** 학부모님들께서는 유치원으로 연락 바랍니다.
→ **이중 격식 표현**

〈수정 후〉

온라인 수업 전환 조치 안내

학부모님 안녕하십니까?
최근 수도권 감염상황이 지속됨에 따라 사회적 거리두기 2단계 격상되었습니다. 수도권 지역 내 감염 확산 방지를 위한 선제적 조치로서 20○○.○○.○○. 일자 교육부 및 경기도 교육청에 의해 강화된 2단계 조치가 실시됩니다. 이에 따라 ○○유치원에서도 **20○○년 ○○월 ○○일(화) ~ 20○○년 ○○월 ○일(금)까지** 전면 **온라인 수업**으로 전환하여 실시함을 안내해 드립니다.
○○유치원은 유아들의 안전 및 학습 결손 최소화를 위해 최선의 노력을 다할 것을 약속드리며, 가정에서도 코로나19 감염병 확산 방지를 위해 사회적 거리두기 및 방역 수칙이 잘 지켜질 수 있도록 협조 부탁드립니다.

○○ 유치원장 ○○○드림

- 온라인 수업 전환 일시: 20○○.○○.24.(화) ~ 20○○.○○.○○.(금) 2주간
- 12월 4일 이후 일정: 방역 당국의 역학조사관(보건당국 등) 및 교육청의 지침에 따라 등교 · 온라인 수업 일정 결정 후 학부모님께 안내 예정
  ※ 키즈노트 및 담임선생님의 안내를 수시로 확인하여 주시면 감사하겠습니다.

1. **원격수업 기간**: 20○○.○○.○○.(화) ~ 20○○.○○.○○.(금) 2주간

2. **돌봄교실(긴급돌봄 포함)**: 맞벌이 가정 자녀 등 돌봄이 필요한 학생을 우선하되, 신청을 희망하시는 가정에서는 유치원에 연락하여 주시기 바랍니다.

3. **원격수업 운영내용**
   - 누리과정 융합교재 및 놀이꾸러미, 활동 방법 안내문 제공
   - 놀이꾸러미는 각 반별 정해진 날에 방문하여 수령해 주시기 바랍니다.

만 3세(달님반, 별님반)	만 4세(아름반, 다운반)	만 5세(쌀반, 보리반)
11월 24일 (화) 오전 10시~오후 12시	11월 24일 (화) 오후 1시~오후 3시	11월 25일 (수) 오전 10시~오후 12시

★ 방문하기 어려우신 학부모님들께서는 유치원으로 연락 바랍니다.

4. **출석 인정**
   - 유치원에서 배부한 교재교구(놀이꾸러미) 활동사진, 온라인 수업 시청 사진은 각 반 키즈노트 알림장에 활동 당일 오후 4시까지 올려 주세요.

★ 자세한 사항은 각 반별로 제공되는 활동계획안을 참고해 주시기 바랍니다.

유치원의 모든 일정과 공지 사항은 유치원 내 · 외부 사정에 따라 변경될 수 있음을 알려드리며 문의 사항은 유치원으로 연락해 주시기 바랍니다.

○○유치원

(2) 부모님과 짧은 이야기

다음의 글은 유아교사가 학부모님께 자녀의 유치원 생활에 대해 글을 쓴 내용이다. 글을 읽어 보고 글쓰기의 일반적인 원리를 적용해 보면서 수정사항을 찾아보자.

수정 전	어머님~~ 겨울방학 후 ○○이는 똑똑하고 야무지게 변해서 온 것 같아요. 요즘은 진달래반 부담임 같아요. 활동하다가 친구들이 참여하지 못하면 먼저 다가가 도와주고 있더라구요. 놀이도 주도해서 하고 있고 발표할 때에도 목소리가 점점 줄어드는 것은 연습을 더 해야겠어요.
수정할 사항 1. 적절한 어휘 선택이 필요하다. 야무지게 변해서 → 야무진 모습 못하면 → 어려움이 있으면 줄어드는 것 → 작아지는 것 수정할 사항 2. 한 문단 안에 ○○이의 칭찬해야 할 점과 개선되어야 하는 점이 동시에 서술되어 있다. 문단을 나누거나 적절한 접속사를 사용하면 좋다.	

수정 후	○○ 어머님!! 안녕하세요? 겨울방학을 지내고 난 후 ○○이는 똑똑하고 야무진 모습으로 유치원에 온 것 같습니다. 요즘 ○○이는 진달래반 부담임같이 저와 친구들을 잘 도와주어 훨씬 성장한 모습을 보여 주고 있습니다. 또한 놀이할 때에도 놀이의 리더로서 역할도 잘하고 있습니다. 하지만 ○○이가 발표를 잘했음에도 불구하고 쑥스러워하면서 목소리가 점점 작아지는 것은 연습이 더욱 필요할 것 같습니다.

(3) 수업 계획 및 활동에 대한 평가

교사 자신의 수업 활동에 대한 평가는 동료평가, 자기평가 방법이 있다. 여기서 교사 자신의 수업을 동영상으로 촬영을 한 후 스스로 자신의 수업을 돌아보며 활동에 대한 평가기록을 소개하고자 한다.

활동명	거미의 집을 찾아라!	교사명	○○○
수업을 바라보는 관점		나의 생각	
비평가의 눈으로 수업 바라보기	① 교사가 의도하고 있는 배움은 무엇인가? – 그 의도대로 수업을 진행하는가? – 의도대로 의미 있는 배움이 생겼는가? ② 교사가 사용하고 있는 몰입의 기제들은 무엇인가? – 수업에서 가장 의미 있는 지점은 어디인가? 그 이유는? ③ 다음 수업에서 더 새롭게 도전할 지점은 무엇인가?	– '거미의 생활을 주제'로 거미가 사는 곳에 궁금증을 가지고 '모든 거미들이 거미줄에 살지 않는다.'는 점과 '거미가 사는 곳'에 관심을 가지고 알아보기 위해 활동을 계획하였다. **⇒ 작은따옴표 오류, 반복되는 말이 너무 많음** **수정 후) '거미의 생활'을 주제로 거미가 사는 곳에 대해 관심을 가지고 알아보기 위해 활동을 계획하였다.** – 이전에 이야기 나누기를 통해 거미가 사는 곳에 알아보고 신체활동으로 연계하여 활동이 진행되었고 아이들이 활동에 더욱 몰입할 수 있도록 거미 옷과 여러 가지 무늬(나무, 물, 땅)의 천을 준비하였다. **⇒ 조사의 오류, 긴 문장임** **수정 후) 이전 이야기 나누기를 통해 거미가 사는 곳을 알아보고, 신체활동으로 연계하여 활동이 진행되었다. 아이들이 활동에 더욱 몰입할 수 있도록 거미 옷과 여러 가지 무늬(나무, 물, 땅)의 천을 준비하였다.** – 활동을 통해서의 의도한 바는 '거미들이 각자의 집을 찾아가는 것'으로 장단에 맞춰 놀이하다가 여러 가지 종류(땅, 물, 공주거미 등)에 따라 자신에 집에 알맞게 찾아가는 모습을 보였다. **⇒ 조사의 오류, 반복되는 내용** **수정 후) 활동에서 의도한 바는 여러 가지 종류의 역할을 맡은 유아들이 장단에 맞춰 놀이하다가 각자 자신의 집을 찾아가는 것이었는데, 유아들이 잘 해 주었다.** – 활동이 끝난 이후에는 거미가 사는 곳을 말놀이 장단으로 만들어서 전이활동이나 이동시간에 해 보면서 아이들에게 쉽고 오랫동안 기억할 수 있도록 하였다. **⇒ '서'가 두 번 들어가 어색** **수정 후) 활동이 끝난 이후에는 거미가 사는 곳을 말**	

		놀이 장단으로 만들어 전이활동이나 이동시간에 해 봄으로써, 아이들이 오랫동안 기억할 수 있도록 하였다. - 다음에 해 본다면 거미조끼를 조금 매력적으로 만들어서 다른 거미의 역할을 찾아보거나 혹은 아이들 모두 거미가 되어 집을 찾아가보는 활동을 해 보는 것도 매우 흥미로울 것 같다. ⇒ **띄어쓰기 수정, 문맥상 이해가 안 감** **수정 후) 다음에 또 해 본다면 거미 조끼를 유아들이 직접 만들어 다른 거미의 역할을 찾아보거나 혹은 아이들 모두 거미가 되어 집을 찾아가 보는 등의 활동을 해 보는 것도 매우 흥미로울 것 같다.**
유아의 눈으로 수업 바라보기	- 유아의 배움이 가장 크게 이루어진 지점은 어디인가? - 유아의 흥미 유발과 몰입을 위한 기제들이 받아들여졌는가? - 배움에서 소외된 유아는 없는가? - 전체적으로 배움이 잘 이루어 졌는가?	- 아이들이 거미가 되어 집을 찾아가는 것을 통해 거미는 모두 거미줄에 살지 않고, 사는 곳이 다양하다는 것을 활동을 통해 알게 되었다. ⇒ **길고 반복적인 말 때문에 읽기가 힘듦** **수정 후) 이 활동을 통해 거미는 모두 거미줄에 살지 않고, 사는 곳이 다양하다는 것을 알게 되었다.** - 유아들이 거미의 천적인 '새'가 등장할 때, 들키지 않도록 천으로 자신의 몸을 숨기는 것에 흥미를 느꼈고, 동시에 거미의 천적이 '새'라는 것을 알게 되었다. - 앉아서 활동을 지켜보는 아이들도 굉장히 흥미로워하였고, 아이들 모두 각자의 집을 잘 찾아가는 모습을 통해서 배움이 잘 이루어졌음을 느꼈고, 이야기 나누기를 통해서만 끝나는 것이 아닌 직접 몸으로 경험을 하는 것이 아이들에게는 더욱 더 이해하기 쉽고, 기억하기에 좋다는 것을 다시 한 번 알게 되었다. ⇒ **'고'가 세 번 들어감, 문장을 끊을 필요가 있음, 전체를 다듬을 필요가 있음. '이야기 나누기를 ~ 알게 되었다.' → 주어를 앞으로 옮기기** **수정 후) 앉아서 활동을 지켜보는 아이들도 굉장히 흥미로워하였고, 모든 유아들이 각자의 집을**

		잘 찾아가는 모습을 통해서 배움이 잘 이루어졌음을 느꼈다. 또한 유아들에게는 이야기 나누기로 끝나는 것이 아닌 직접 몸으로 경험하는 것이 더욱 이해하기가 쉽고 기억하기에 좋다는 것을 다시 한 번 알게 되었다.
교사의 마음 바라보기	① 자신감 있는 지점은 어디인가? ② 두려워하는 지점은 어디인가? – 수업 속에서 힘들어하는 것은 무엇인가? ③ 의도대로 수업이 진행되지 못한 곳은 어디인가? – 이때 내면의 상태는 어떠한가? – 교사의 의도와 유아의 배움이 크게 어긋나는 지점은 어디인가?	– 활동을 하면서 장단놀이와 함께 스토리텔링을 넣어서 아이들을 집을 찾아가는 타이밍, 새가 등장하는 타이밍 등 알려 주니 처음 하는 아이들도 어려워하지 않았고 활동을 즐기면서 참여할 수 있었다. '아이들이 집을 잘 찾을 수 있을까?' 특히 공주거미는 아이들에게 조금 낯설어 걱정이 되기도 하였지만 우려와 달리 아이들은 거미의 집을 잘 찾았다. 헷갈려 하는 아이들에게는 조금의 힌트를 주어 집을 찾을 수 있도록 도와주었다. **⇒ '서'가 두 번 들어가 어색, 문맥 순서 어색, 조사 틀림, 문장이 길** **수정 후) 활동 시 장단 놀이와 함께 스토리텔링을 넣어 집을 찾아가는 타이밍, 새가 등장하는 타이밍 등을 알려 주니, 처음 하는 유아들도 어려워하지 않고 활동을 즐기면서 참여하였다. 특히 유아들이 공주거미의 서식지를 처음 접해 보기 때문에 걱정이 되었지만, 중간중간 약간의 힌트를 제공해 주니 거미의 집을 잘 찾았다.** – 처음 계획했던 것과 달리 준비하면서 많은 부분을 수정 및 보완하게 되어 즉흥적인 수업이 된 것 같아 걱정이 생겼지만, 꾸준한 연습을 통해 자신감이 생겼다. 자신 있게 수업을 진행하니 유아들도 즐겁게 참여하였고, 마지막에 스토리텔링 이야기를 살짝 바꿔 주었더니 유아들이 끝까지 흥미를 가지고 활동에 임하였다. 이번 수업을 통해 준비하는 교사가 즐거워야 아이들도 즐겁게 참여한다는 것을 깨닫게 되었다.

(4) 일일교육계획안에 대한 교사평가

교사는 하루 일과를 마치고 난 후 계획안 활동에 대한 자기평가를 한다. 평가 글쓰기를 읽어 보고 글쓰기의 일반적인 원리를 적용해 보면서 수정사항을 찾아보자.

수정 전	'하늘' 주제에 대한 하늘색 표현하기 활동을 시작해 보았다. 하늘색 표현하기에 유아들은 약속이나 한 듯이 대부분 하늘색, 파란색을 표현했다. 다음에는 다양한 하늘색이 있음을 알 수 있도록 해야겠다.
수정할 사항 1.	하루 일과를 마친 후 교육활동에 대한 전반적인 평가를 기록해야 한다. 그러나 국한된 특정한 활동의 실행에 대해 평가하였다. 따라서 전체 평가 란에는 하루 일과 전체를 놓고 계획, 실행에 대한 구체적인 평가가 이루어져야 한다.
수정할 사항 2.	교수활동이 계획한 대로 진행되었는지, 교수 매체나 실내외 환경 준비는 어떠했는지, 앞으로 활동을 계획할 때 고려해야 할 사항은 무엇이 있는지 등에 대해 구체적으로 평가해야 한다.

수정 후	오늘 하늘의 날씨는 매우 흐리다. 우리 반 친구들이 하늘의 색을 거의 하늘색과 파란색으로 표현한 것에 대해 다시 한 번 생각해 보았다. 하늘의 색이 회색빛, 검은색, 노을이 질 때의 색, 맑은 하늘색 등 다양하게 있다는 것을 알 수 있는 기회 및 경험을 마련하는 것이 필요하다. 따라서 오늘부터 매일 또는 하늘의 색의 다양성을 경험하기에 가장 적절한 시간에 '하늘 감상하기' 활동을 지속적으로 계획해야 할 것이다. 그러고 난 후 우리 교실에서 감상한 다양한 하늘의 색과 관련한 물건을 찾아와 분류해 보도록 할 것이다. 이후 지속적으로 '하늘'에 관한 궁금한 점을 경험하도록 계획해야겠다.

함께 해보기

❖ 예비 유아교사의 논리적 글쓰기

주제: 긴급도로공사로 인한 단전 또는 단수

3.

비판적 읽기

아침마다 대문 앞에 배달되어 있었던 조선일보, 중앙일보 등과 같은 신문이 가지런히 놓인 풍경은 사라진 지 오래다. 일부 사람들은 여전히 신문을 읽음으로써 다양한 내용과 정보를 접하겠지만 요즘은 신문 대신 인터넷 기사를 접하는 사람들이 늘어나고 있다. 정보화 시대에 돌입하면서 인공지능의 등장, 다양한 SNS를 통한 정보, 유튜브를 통한 정보 등 언제, 어디서든 우리는 스마트폰만 가지고 있다면 원하고자 하는 내용을 검색해서 볼 수 있다. 사람들은 공개된 정보에 대한 긍정적, 부정적 측면의 내용을 참고하여 각자가 찾고자 하는 정보를 채택한다. 이러한 변화는 우리에게 매우 편리함은 주고 있지만, 한편으로 정확하지 않은 정보를 채택하면서 오류를 범할 수 있다. 심지어 정보에 제시된 글 텍스트를 줄임말, 이모티콘을 사용함으로써 의사소통에 장애를 불러오기도 한다. 때때로 인터넷 기사를 읽을 시 처음부터 끝까지 읽지 않고 기사의 크고 굵은 글씨로 제시된 제목만 대강 쓱 읽어 본 후, 댓글을 보면서 글의 내용을 유추하기도 한다. 이렇다 보니 길게 늘어진 글 텍스트를 읽고 내용을 충분히 이해하는 데 어려움이 생길 수 있다. 이러한 측면에서 비추어 볼 때 예비유아교사는 다양한 미디어에 제시된 글을 비판적으로 읽을 필요성이 제기된다.

1) 비판적 읽기 요소와 기준

비판적 읽기란 글을 읽는 동안, 글을 읽은 후에 제시된 글에 대해 분석, 추리, 비교, 종합, 판단하는 고도의 비판적 사고를 사용하는 능동적인 읽기이다(진근영, 2009). 김영정(2005)은 비판적 사고와 읽기의 유관성에 대해 설명하였다. 즉, '분석'적 사고가 가장 기초적인 사고이지만 '논증'적 사고가 가장 중심적인 역할을 하는 사고라 보았다. 이 내용을 읽기에 대응해 보면 '분석'을 통해 텍스트의 이해가 선행되어야만 '논증'을 중심으로 비판적 읽기가 가능한 것이다. 비판적 읽기의 핵심은 텍스트에 숨겨진 결론을 도출하고 '전제'와 '함축'을 파악하는 추론적 사고 과정이나 '목적'이나 '관점', '맥락'을 고려해 텍스트의 의미를 다시 구성하는 것이다(김혜정, 2008). 비판적 읽기의 요소와 기준은 〈표 21〉과 같다.

〈표 21〉 비판적 읽기 요소와 기준

영역	분석적 읽기	추론적 읽기	종합적 읽기	대안적 읽기
개념	글에 명시적으로 드러난 내용을 이해하여, 글의 전체 주제와 부분 내용들의 구조 파악	문맥, 지식, 경험을 활용하여, 함축적인 의미 및 생략된 내용을 추론해서 필자의 의도를 파악함	분석, 추론한 내용을 종합하여, 글의 내용과 구조, 필자의 관점과 의도를 판단함	다양한 관점과 상황을 검토하여 독자적인 관점과 대안을 수립함
요소	문제, 구조	근거, 함축	내용, 목적	관점, 대안
기준	분명함, 명료함	정확함, 적절함	통일성, 신뢰성, 타당성	다양성, 독창성

출처: 진근영(2009). 비판적 사고력 신장을 위한 신문사설 읽기 지도 방법 연구. p.26.

일반적으로 텍스트를 읽을 때 비판적인 시각을 가지고 읽는 습관이 형성될 수 있도록 읽기 과정에서 각자에게 다음과 같은 질문을 한다면 비판적 읽기에 도움이 될 것이다. 이 과정은 신문 사설을 읽기에서 가능한 질문의 유형이지만 인터넷 기사, 칼럼 등 읽을 시 적용할 수 있어 〈표 22〉에 제시하였다.

〈표 22〉 읽기 과정에서 가능한 질문의 유형

읽기 과정	질문의 유형
분석적 읽기	• 이 글은 무엇을 말하고 있으며 핵심 내용은 무엇인가? • 이 글은 어떻게 구성되어 있나? • 글쓴이의 주장과 관련하여 어떤 이유, 근거, 정보를 제시하고 있는가?
추론적 읽기	• 글쓴이가 이 글을 쓴 의도, 목적은 무엇인가? • 글쓴이는 어떤 맥락에서 글을 썼으며, 어떤 관점을 갖고 있는가?
종합적 읽기	• 이 글의 내용 및 구성, 표현은 정확하며 적절한가? • 글에 제시된 것 중 받아들일 수 있는 것과 그렇지 못한 것은 무엇인가?
대안적 읽기	• 글쓴이의 문제 해결 방식이 타당하지 않다면 다른 대안은 무엇인가? • 글에서 얻은 내용 중 나 자신 또는 우리 사회와 관련된 것으로는 어떤 것이 있는가? • 이 글과 관련해서 생각해 볼 수 있는 또 다른 문제는 어떤 것들이 있는가?

출처: 진근영(2009). 비판적 사고력 신장을 위한 신문사설 읽기 지도 방법 연구. p.30.

2) 비판적 읽기의 실제

기사제목: 조두순 출소 80일 앞두고 불안한 안산...피해 가족 "이사 가고 싶다"
http://naver.me/GQKdubyD

위 기사의 내용을 〈표 22〉에 제시된 읽기 과정에 따라 비판적 읽기를 한 내용이다.

읽기 과정	질문의 유형
분석적 읽기	• 출소 80일 앞두고 안산시민들의 걱정과 불안이 여전한 가운데 피해자 가족은 이사를 원한다는 의향을 밝힘 • 출소한 뒤 원래 살던 곳 안산으로 돌아가겠다고 밝힘과 조두순이 소아성애 부문에서 불안정한 평가를 받은 것이 전해짐
추론적 읽기	• 조두순이 출소 후 고향인 안산으로 간다는 소식에 피해자 가족들이 불안에 떨고 있음을 알려 주려고 함
종합적 읽기	• 조두순의 예상 주거지 1km 반경을 여성 안심 구역으로 정해, 방범용 CCTV 71개와 방범초소를 설치하고 순찰을 강화할 방침 • 경찰이 지역 주민들의 불안감 해소와 재범 방지를 위해 특별대응 TF를 가동하기로 함 • 보호수용법은 아동 성폭력범이 출소 이후 사회와 격리돼 보호수용 시설의 관리 · 감독을 받게 하는 법으로, 지난 19대 국회 때 처음 제출됐지만, 인권침해 논란 속에 폐기됨 • 조두순의 말을 믿을 수 없음(반성하고 뉘우치고 있다.)
대안적 읽기	• CCTV를 71개를 설치한다고 해도 CCTV의 사각지대에 대한 관리와 순찰에 대한 방안은 어떻게 할 것인가? • 조두순이 밖으로 나오는 건데 안산에만 CCTV 71개를 다는 건 아무 소용이 없어 보임 • 피해자가 이사 간다고 해도 피해자를 찾아서 조두순이 보복할 가능성이 있음 • 조두순의 재범 확률이 높다고 생각됨 • 심리치료에서 결과가 불안정하게 나왔는데 출소를 시키는 이유가 궁금함 • 조두순을 관찰하는 경찰이 1명임 • 조두순의 외출 금지 명령이 필요하다고 생각됨 • 조두순을 무인도로 유배 보내면 어떨까? • 재범 방지를 위해서는 보호관찰자가 1명은 무리가 있다고 생각함(최소 2~3명)

함께 해보기

❖ 예비 유아교사의 비판적 읽기

최근 기사를 검색 후 〈표 22〉에 제시된 읽기 과정에서 가능한 질문을 적용하여 비판적으로 읽어 보자.

4.

교직 논술

공립 유치원 교사가 되기 위해서는 유치원 임용시험을 봐야 한다. 유치원 임용시험은 1차, 2차 시험을 치르게 된다. 1차 시험은 논술과 서답형 필기시험, 2차 시험은 지역 공통으로 수업 실연을 보고 교수 학습 과정안 작성 및 교직 적성 심층 면접을 보게 되는데 2차 시험의 경우 지역마다 유형은 다를 수 있다. 1차 시험을 통과하기 위해 교직 논술이 중요하다. 따라서 논술의 기초에 대해 간략히 살펴보고 유치원 교직 논술 시험의 실제를 통해 교직 논술에 대해 이해하도록 한다.

1) 교직 논술의 기초

(1) 간결하고 명확한 문장 쓰기

간결하고 명확한 문장을 쓰기 위해서는 단문 사용하기, 주관적인 수식어와 비유적 표현을 사용하지 않는 것이다. 이미 일반적인 글쓰기 원리에서 단문을 사용하는 방법에 대해 학습했고 여기서는 주관적인 수식어와 비유적 표현을 사용하지 않는 내용에 대해 학습할 것이다.

교직 논술에서 주관적인 수식어를 사용한다면 문장이 길어질 수 있는 우려가 생기며 이로 인해 문장의 가독성이 떨어질 수 있다. 교직 논술은 독자에게 감동을 줄 필요도 없으며 창의적인 글쓰기가 필요하지도 않다. 제일 중요한 것은 꼭 필요한 말을 논리적으로 잘 쓰는 것이다.

예시 1)의 내용을 필요한 말만 사용하여 수정한 결과가 예시 2)이다.

예시 1) 놀이는 무한한 가능성을 가진 유아들에게 자연스럽게 배움의 기회를 제공하는 배움의 사다리이자 곧 배움이 될 수 있다.
(________는 불필요한 수식어)

예시 2) 놀이는 유아들에게 배움의 수단이자 배움 그 자체이다.

(2) 주장과 근거의 타당성 높이기

논리적 말하기, 글쓰기에서 내가 하고자 하는 말이나 글을 쓸 때 주장하는 내용에 대한 근거를 제시할 때 타당성을 높일 수 있다는 내용을 이미 앞에서 학습했다. 이 내용을 숙지하고 임용시험에 임한다면 교직 논술을 성공적으로 치를 수 있을 것이다.

(3) 분량

2021학년도부터 분량은 사라졌다. 따라서 배점표를 잘 보고 분량을 정하면 된다. 문제에서 제시한 논지를 정확히 파악하고 요구하는 답을 쓴다면 아마도 분량이 정확하게 맞을 것이다. 만약 분량이 부족하다면 불필요한 말을 서술했을 가능성이 크다. 반대로 분량이 남는다면 글을 부족하게 기술할 확률이 높다.

(4) 문제 정확히 파악하기

제시된 문제에 대해 정확히 글을 쓰는 것이다. 제시된 문제의 핵심을 잘 파악하는 것이 중요하기 때문에 개요도를 작성하는 것을 추천한다.

✣ Tip) 개요도 작성 방법

- 큰 종이를 준비한다.
- 문제에서 요구하는 내용마다 번호체계를 사용하는 것이다.
  예)

<table>
<tr><td rowspan="4">1) 유아교사의 갈등 문제</td><td>1 ①</td></tr>
<tr><td>2 ②</td></tr>
<tr><td>3 ③</td></tr>
<tr><td>4 ④</td></tr>
<tr><td rowspan="4">2) 갈등의 개념

갈등의 내용 – 최교사
– 박교사</td><td>1 ⑤</td></tr>
<tr><td>2 ⑥</td></tr>
<tr><td>1 ⑦</td></tr>
<tr><td>2 ⑧</td></tr>
<tr><td rowspan="2">3) 갈등 해결 방안 – 최교사
– 박교사</td><td>1 ⑨</td></tr>
<tr><td>2 ⑩</td></tr>
<tr><td rowspan="2">4) 조직 차원에서 지원방안</td><td>1 ⑪</td></tr>
<tr><td>2 ⑫</td></tr>
</table>

1)...의 표기는 문제에서 요구하는 핵심 내용이며, 1, 2...의 표기는 1)...에서 요구한 파생된 내용의 번호체계이다. 마지막으로 ①...의 표기는 논술 배점이다. 따라서 위의 경우, 답안의 개수는 12가지가 나와야 한다. 물론 각각마다 배점은 다를 수 있다.

2) 교직 논술의 실제

2021학년도 정시 기출문제를 중심으로 문제 분석 및 개요도 작성 및 답안 작성된 내용을 이해하고, 2022학년도 유치원 교직 논술 시험에서 제출된 내용으로 논술문을 작성하도록 한다.

(1) 기출문제

배점표		
	논술의 내용 (총 15점)	• 양방향적 의사소통의 필요성(1점), 대면 개별(개인) 면담과 전화 면담 장점(4점) 〔5점〕 • 부모교육으로 워크숍 형식이 적합한 이유(1점)와 이를 실시할 때 교사가 준비해야 할 사항(3점) 〔4점〕 • 교사-유아, 교사-부모, 유아-부모 관계에서 나타날 수 있는 긍정적 효과 〔6점〕
	논술의 체계 (총 5점)	• 글의 논리적 체계성 〔3점〕 • 맞춤법 및 어휘 · 문장의 적절성 〔2점〕

다음은 민 교사와 권 교사가 부모와의 의사소통 경험에 대해 이야기를 나누는 장면이다.
1) 민 교사의 대화에 근거하여 양방향적 의사소통의 필요성 1가지를 논하고, 권 교사의 대화에 제시된 대면 개별(개인) 면담과 전화 면담의 장점을 각각 2가지씩 논하시오.
2) 대화에 근거하여 워크숍 형식이 부모교육 방법으로 적합한 이유 1가지와 워크숍으로 부모교육을 실시하고자 할 때 교사가 준비해야 할 사항 3가지를 논하시오.
3) 대화에 근거하여 워크숍으로 부모교육을 실시했을 때 교사-유아, 교사-부모, 유아-부모 관계에서 나타날 수 있는 긍정적 효과를 각각 2가지씩 논하시오. 〔총 20점〕

민 교사: 요즘 우리 반 지수는 혼자 책 읽기 영역에 머무는 시간이 많아요. 책을 보는 것은 좋지만 지수가 친구들과 잘 어울리지 않더라고요. 오늘 지수 어머니가 지수를 데리러 오셨기에 지수가 집에서는 어떤지 좀 여쭤보려 했거든요. 그런데 지수 어머니께서 바쁘다면서 급히 가시는 거예요. 아무래도 아이의 문제를 함께 해결하기 위해서는 부모님과 직접 이야기를 나누어야 하잖아요. 물론 어떤 부모님은 일방적으로 자기 이야기만 하시니 만나기만 한다고 다 해결되는 것은 아니지만요. 무엇보다 부모

와 교사 간 양방향적 의사소통이 필요한 것 같아요.

권 교사: 저도 비슷한 경험이 있어요. 특히 어떤 아이가 문제 행동이나 이해하기 어려운 행동을 할 때 가정에서는 어떤지 알아보는 것이 도움이 되더라고요. 그래서 그런 경우에 전 부모님과 대면 개별 면담을 하기도 하고, 부모님과 전화 면담도 해요.

민 교사: 그렇군요. 그런 면에서 이번 부모교육 주제를 '의사소통'으로 정해 소집단 모임 형식의 워크숍으로 진행하면 어떨까요? 부모님들께서 직접 의사소통 기술을 익히고 실습까지 해 보면 좋을 것 같거든요. 워크숍을 진행한 후에는 부모님과 선생님이 함께 의사소통 기술을 계속 익히고 적용해 볼 수 있도록 소집단 모임을 정례화하는 방안도 생각해 보면 좋을 것 같아요.

권 교사: 서둘러 부모교육 계획을 세워 원장님께 보여 드리고 바로 준비해야겠네요. 일정을 확인해서 부모님께 보낼 가정통신문도 만들고 부모님들께서 참석하기 편한 일정이 언제인지도 알아봐야겠어요. 부모님들께서 의사소통 기술을 배우면 자녀의 눈높이에 맞춰 대화할 수 있어서 유아들이 정서적으로 더 안정되고 사회적 능력도 증진될 수 있을 거예요.

민 교사: 지난번에 원감님께서 의사소통 기술을 주제로 강연을 하셨으니 이번 워크숍도 원감님께 부탁드리면 어떨까요?

권 교사: 네, 좋아요. 우리 선생님들도 함께 참석하면 좋을 것 같네요. 그러면 우리도 의사소통 기술이 향상되어 유아의 요구에 더 민감하게 반응할 수 있고, 유아의 특성에 맞는 교육을 더 잘 할 수 있겠지요. 그뿐만 아니라 선생님들은 부모님들과의 관계에서 자신감이 향상되고, 부모님들은 선생님과 양방향적 의사소통이 더 원활해져 유치원 일에 적극적으로 협조해 주실 수 있을 거예요.

(2) 문제 분석 및 개요도 작성

❖ 문제풀이 Tip

1) 권 교사의 말에 대면 개별 면담과 전화 면담의 장점이 언급되지 않았다. 이런 경우 사전 배경지식을 활용하여 서술한다.
2) 2021 정시는 쓸 내용이 많은 편이므로 시간 배분이 중요하다. 문제지를 받자마자 배정표의 '논술의 내용을 재빠르게 확인하고 써야 할 가짓수가 많으니 개요도 작성 시간을 최소화하는 전략을 써야 한다.
3) 문제에서 '기술하시오'가 아닌 '논하시오'라고 제시했으므로 반드시 뒷받침 문장을 함께 작성해야 감정을 줄일 수 있다.

민 교사: 요즘 우리 반 지수는 혼자 책 읽기 영역에 머무는 시간이 많아요. 책을 보는 것은 좋지만 지수가 친구들과 잘 어울리지 않더라고요. 오늘 지수 어머니가 지수를 데리러 오셨기에 지수가 집에서는 어떤지 좀 여쭤보려 했거든요. 그런데 지수 어머니께서 바쁘다면서 급히 가시는 거예요. 아무래도 아이의 문제를 함께 해결하기 위해서는 부모님과 직접 이야기를 나누어야 하잖아요. 물론 어떤 부모님은 일방적으로 자기 이야기만 하시니 만나기만 한다고 다 해결되는 것은 아니지만요. 무엇보다 부모와 교사 간 양방향적 의사소통이 필요한 것 같아요. **권 교사:** 저도 비슷한 경험이 있어요. 특히 어떤 아이가 문제 행동이나 이해하기 어려운 행동을 할 때 가정에서는 어떤지 알아보는 것이 도움이 되더라고요. 그래서 그런 경우에 전 부모님과 대면 개별 면담을 하기도 하고, 부모님과 전화면담도 해요.	**1) 양방향적 의사소통의 필요성** **유아의 문제 행동 해결** – 이유: 지수에 관한 정보, 사회성 문제 원인 발견 **개별 면담** ① 유아 문제 행동 해결: 충분한 시간, 심층, 원인 분석 ② 친밀, 신뢰적 관계 형성: 유선 〈 유대감 높아짐 **전화 면담** ① 직장 부모 방문 X, 상담실시 O – 공간 제약 X ② 부담 X, 수시 실시 O – 별도 계획, 준비 X, 빠른 피드백
민 교사: 그렇군요. 그런 면에서 이번 부모교육 주제를 '의사소통'으로 정해 소집단 모임 형식의 워크숍으로 진행하면 어떨까요? 부모님들께서 직접 의사소통 기술을 익히고 실습까지 해 보면 좋을 것 같거든요. 워크숍을 진행한 후에는 부모님과 선생님이 함께 의사소통 기술을 계속 익히고 적용해 볼 수 있도록 소집단 모임을 정례화하는 방안도 생각해 보면 좋을 것 같아요. **권 교사:** 서둘러 부모교육 계획을 세워 원장님께 보여 드리고 바로 준비해야겠네요. 일정을 확인해서 부모님께 보낼 가정통신문도 만들고 부모님들께서 참석하기 편한 일정이 언제인지도 알아봐야겠어요. 부모님들께서 의사소통 기술을 배우면 자녀의 눈높이에 맞춰 대화할 수 있어서 유아들이 정서적으로 더 안정되고 사회적 능력도 증진될 수 있을 거예요. **민 교사:** 지난번에 원감님께서 의사소통 기술을 주제로 강연을 하셨으니 이번 워크숍도 원감님께 부탁드리면 어떨까요? **권 교사:** 네, 좋아요. 우리 선생님들도 함께 참석하면 좋을 것 같네요. 그러면 우리도 의사소통 기술이 향상되어 유아의 요구에 더 민감하게 반응할 수 있고, 유아의 특성에 맞는 교육을 더 잘 할 수 있겠지요. 그뿐만 아니	**2) 워크숍 형식 적합한 이유 (장점)** **실습, 직접 의사소통 기술 익힘** → 일방적, 전달식 강의 **워크숍 실시 준비사항** ① 계획 기안 ② 가정통신문, 참여 일정 ③ 전문 강사 섭외 **3) 워크숍 부모교육의 긍정적 효과** **유아 · 부모** ① 정서적 안정 ② 사회적 능력 증진 **교사 · 유아** ① 반응적 교사 ② 유아 특성 적합 교육 **교사 · 부모** ① 효능감 높아짐 ② 협조적 태도

라 선생님들은 부모님들과의 관계에서 자신감이 향상되고, 부모님들은 선생님과 양방향적 의사소통이 더 원활해져 유치원 일에 적극적으로 협조해 주실 수 있을 거예요.	

출처: 정현경, 박소희(2021). 누리자자유 유아교직논술. p.31.

(3) 예시 답안

〈서론〉 ① 부모와 교사 간의 의사소통은 유아교육 현장에서 중요하다. ② 부모와 교사가 다양한 방법으로 적극적으로 소통해야 가정과 유치원 간의 연계지도가 가능하기 때문이다. ③ 따라서 대화를 근거로 양방향적 의사소통의 필요성 및 다양한 부모교육 방법의 장점 등을 논하겠다.	① 〔주제〕는 '유아교육 현장에서~~ 중요하다. 서론을 시작한다. ② 서론 문장에 대한 뒷받침 문장을 간단하게 서술한다. ③ 문제에 제시된 내용을 모두 나열하지 않는다. 개별 면담, 전화 면담, 워크숍 형식이 적합한 이유가 언급된 것을 '다양한 부모교육 방법의 장점'으로 묶어 간단히 제시하였다.
〈본론〉 **우선**, 양방향적 의사소통은 유아의 문제 행동을 해결하기 위해서 필요하다. 민 교사는 기관에서는 알지 못했던 지수의 가정에서의 행동 특성을 파악하여 사회성 문제의 원인을 파악할 수 있다. 다음으로 개별 면담과 전화 면담의 장점을 논하겠다. ④ 먼저, **개별 면담**은 **첫째**, 유아의 문제 행동을 해결할 수 있는 장점이 있다. 개별 면담을 통해 부모와 교사는 충분한 시간을 갖고 문제 행동의 원인을 분석하고 해결방안을 모색할 수 있다. **둘째**, 부모와 친밀하고 신뢰적인 관계를 형성할 수 있는 장점이 있다. 유선 상담보다 얼굴을 마주보고 상담을 했을 때 유대감을 형성하기 쉽다. 다음으로 **전화 면담**은 **첫째**, 직장 등으로 인해 기관에 방문하지 못하는 학부모들도 상담에 참여할 수 있는 장점이 있다. 전화 면담은 공간의 제약 없이 실시할 수 있기 때문에 전체 학부모들이 상담에 참여할 수 있다. **둘째**, 부담 없이 수시로 편리하게 실시할 수 있는 장점이 있다. 전화 면담은 특별한 사전 계	④ '먼저 ~ 장점이 있다 + 뒷받침' 문장 구조가 반복되도록 하였다.

획 없이 실시할 수 있다. 그래서 유아에 관한 빠른 피드백이 가능하다. ⑤ 워크숍 형식으로도 부모교육이 이뤄질 수 있다. 워크숍 형식은 부모들이 실습을 하며 실제적인 의사소통 기술을 익힐 수 있기 때문에 적합하다. ⑥ 일방적인 전달식의 강의와 달리 양방향적 피드백도 얻고 직접 기술을 연습할 수 있다. 이때 교사는 3가지 사항을 준비해야 한다. ⑦ **첫째**, 교육 형태와 시간, 장소, 내용 등을 포함하는 계획 기안을 작성해야 한다. **둘째**, 가정통신문을 만들어 워크숍을 홍보하고 학부모가 참석하기 좋은 일정도 알아봐야 한다. **셋째**, 워크숍 주제와 맞는 전문 강사를 섭외해야 한다. ⑧ 이렇게 교사가 철저하게 워크숍을 준비하여 실시했을 때, 다방면으로 긍정적인 효과가 나타난다. 먼저 **유아-부모 관계 측면에서 첫째,** 유아가 정서적으로 안정될 수 있다. 학부모가 의사소통 기술을 배워 자녀의 눈높이에 맞게 대화할 수 있기 때문이다. **둘째**, 유아들의 사회적 능력이 증진될 수 있다. 부모의 의사소통 기술을 모방하여 다른 유아들과 관계를 맺을 때 사용하기 때문이다. **교사-유아 측면에서는 첫째**, 교사가 반응적인 교사로 성장할 수 있다. 교사가 실습에 참여하고 체득한 것을 현장에 적용하기 때문이다. **둘째,** 교사가 유아의 특성에 적합하게 교육할 수 있다. 유아를 이해하고 개별 유아의 특성에 적합한 교육을 실시할 수 있기 때문이다. 마지막으로 **부모-교사 측면에서는 첫째**, 교사가 학부모와의 관계에서 효능감이 향상된다. 학부모와 얼굴을 마주보고 실습을 하면서 친밀한 관계를 맺기 때문이다. **둘째**, 학부모는 기관에 협조적인 태도를 가질 수 있다. 학부모가 교사와 함께 실습하며 양방향적 의사소통을 하기 때문이다.	⑤ 다음 문제를 논할 때 이렇게 간단한 문장을 써서 글 전체 흐름을 매끄럽게 한다. ⑥ 필요성이나 장점을 설명할 때, 대조되는 개념을 떠올리면 쉽다. 예) 실제 ↔ 이론/일방적, 전달 ↔ 양방향, 직접 연습 ⑦ 제시문 안에 답이 숨어 있기 때문에 어렵지 않게 찾아서 적을 수 있다. ⑧ '각각 2가지씩' 논하라고 하여 서술할 것이 많다. 따라서 개요도를 완벽하게 작성할 시간이 부족할 수 있다. 중요한 것은 개요도를 열심히 쓰는 게 아니라 답안을 잘 쓰는 것이다. 그러므로 개요도에는 간략하게 포인트만 작성하고 답안 작성 시간을 충분히 확보한다.
〈결론〉 ⑨ 가정과 기관의 연계는 유아의 전인적 발달을 위해 중요하다. 교사가 학부모와 양방향적으로 의사소통하기 위해 철저하게 준비하고 적극적으로 노력한다면 유아교육은 발전할 것이다.	⑨ [주제] '~는 유아의 전인적 발달을 위해 중요하다.' '~한다면, 유아교육은 발전할 것이다.' 문장을 사용하였다. 아주 쉽고 간단하게 결론을 작성할 수 있다.

출처: 정현경, 박소희(2021). 누리지자유 유아교직논술. pp.32~33.

다음은 2022학년도 공립 유치원 교사 임용후보자 선정 경쟁시험 1차 유치원 교직 논술의 문제이다. 문제를 읽어 보고 문제 분석 및 개요도 작성을 해 보고 논술답안을 작성해 보도록 하자.

다음은 유치원 교사들이 만들어 가는 교육과정에 대해 학습공동체에서 나눈 대화이다. 1) 최 교사의 대화에 근거하여 만들어 가는 교육과정의 개념을 논하고, 이것이 유아에게 미치는 긍정적 효과 2가지를 논하시오. 2) 임 교사가 유아 놀이를 지원하기 위해 실행할 수 있는 방안을 시간, 공간, 자료, 활동유형 측면에서 각각 1가지씩 논하시오. 3) 박 교사가 사용한 교수 행동 전략 2가지를 제시하고, 그 장점을 각각 1가지씩 논하시오. 4) 김 교사의 대화에 나타난 교사 학습공동체의 특징 2가지와 이를 통해 교사 개인과 기관 차원에서 나타날 수 있는 기대 효과를 각각 1가지씩 논하시오. [총 20점]

김 교사: 유아 · 놀이 중심 교육과정을 운영해 온 지 벌써 2년째네요. 그런데도 만들어 가는 교육과정을 실행하는 것은 여전히 어렵게 느껴져요.

최 교사: 네, 저도 그래요. 만들어 가는 교육과정은 교사와 유아가 함께 구성해 가는 것이 중요한 것 같아요. 지난주에 아이들이 버스를 만들고 싶어 해서 큰 상자를 찾아 주었더니, 버스를 만드는 것에 흥미와 관심을 가지고 적극적으로 참여하더라고요. 아이들의 놀이를 관찰하고 기록하면서 필요한 것들을 지원해 주었더니, 이제는 아이들의 놀이가 버스 여행 놀이로 발전해 가고 있더라고요.

임 교사: 저는 아이들과 경사로 놀이를 했는데요. 아이들이 경사로를 만들기에 교실은 좁다고 하면서도 이 놀이를 더 하고 싶어 했어요. 또 장난감 자동차보다 더 빠른 것으로 굴려보고 싶어 하기도 하고요. 아이들이 경사로 놀이를 하는 중에 경사로의 기울기에 따라 속도가 어떻게 변하는지도 궁금해했어요. 박 선생님은 이번 주에 어떠셨나요?

박 교사: 저는 아이들과 함께 숲에 갔다가 도토리가 굴러가는 것을 보았어요. 아이들이 도토리가 구르는 모습을 재미있어 해서 도토리처럼 구르는 신체 놀이를 하게 되었어요. 그런데 민이가 도토리처럼 구르는 것이 안 돼서 속상해하길래, "선생님이 구르기 하는 것을 보여 줄게."라고 말하고 제가 직접 구르기를 보여 줬더니, 민이가 구르기를 쉽게 따라 했어요. 또 "선생님, 저도 도토리처럼 구를 수 있어요."라며 구르기를 보여 주던 지혜에게는 "몸을 움츠려서 구르기를 하니까 정말 도토리가 굴러가는 것 같아."라고 말해 주었더니, 지혜가 신나서 신체 표현을 하더라고요.

김 교사: 네, 그러셨군요. 유아의 놀이를 상황에 맞게 지원한다는 것이 쉽지 않지요. 이렇게

선생님들의 경험, 사례를 듣고, 고민도 솔직하게 나누며, 서로 격려하면서 많이 배운 것 같아요. 또 어려움을 해결하는 방안도 서로 도와가며 찾다 보니까 교사로서 한층 성장해 가는 것 같고, 서로 도와주는 유치원 분위기로 발전해 가는 것 같아 뿌듯해요.

V.

유아 및 예비 교사의 사고력 평가

V. 유아 및 예비 교사의 사고력 평가

유아 및 교사의 사고력 발달을 평가한다는 것은 현재 사고력 수준이 어느 정도인지, 또 얼마나 향상되었는지, 평소에 사고를 하려는 성향이 어느 정도인지를 파악하는 과정이다. 사고력을 평가하는 목적은 유아 및 교사의 사고력 증진을 도모하고 논리 및 논술을 위한 교수 학습계획에 활용하기 위함이다. 따라서 이 장에서는 유아 및 교사 측면에서 사고력 평가의 측정도구를 살펴보고자 한다.

1. 유아

1) 논리적 사고력

윤혜진과 유연옥(2013)은 유아의 논리적 사고를 측정할 수 있는 검사문항을 구성하여 연구에서 사용하였다. 사용한 검사 문항의 구성은 추론상황(가상상황, 실제상황)과 삼단논법형태(연역, 귀납)이다. 유아의 사고력 검사를 위한 문항 구성 및 예시, 정답채점 기준 및 점수 부여방법이다. 문항을 구성하는 내용은 유아에게 친숙한 '동물'을 주제로 한 실제상황의 내용이다. 즉, '토끼는 귀가 길다', '오리는 헤엄을 칠 수 있다', '코끼리는 코가 길다', '독수리는 날 수 있다', '금붕어는 물에서 산다' 등이다.

〈표 23〉 논리적 사고 검사 문항의 구성 및 예

문항 구성 및 수	문항의 예
가상상황의 연역삼단논법 8문항	'모든 날개가 있는 것은 춤을 출 수 있다', '토토는 날개가 있다', '그러면 토토는 춤을 출 수 있을까?'
가상상황의 귀납삼단논법 8문항	'뿔이 있는 것은 수염이 있다', '뿔이 있는 것은 고고다', '그러면 모든 고고는 수염이 있을까?'
실제상황의 연역삼단논법 8문항	'모든 날 수 있는 동물은 날개가 있다', '독수리는 날 수 있다', '그러면 독수리는 날개가 있을까?'

문항 구성 및 수	문항의 예
실제상황의 귀납삼단논법 8문항	'비둘기는 날 수 있다', '비둘기는 새다', '그러면 모든 새는 날 수 있을까?
총 32문항	

〈표 24〉 **정답 채점 기준 및 점수 부여**

정답 채점 기준	연역삼단논법	전체에서 부분을 이끌어 내는 형태로 전제들과 결론 간의 필연적인 관계에 의해 적합한 결론을 도출하고, 답에 대한 이유를 전제들에 의한 논리적인 과제로 정확하게 설명하는 경우에 정답으로 처리
	귀납삼단논법	부분에서 전체를 도출하는 형태로 전제로부터 일반적인 결론을 도출하고, 답에 대한 이유를 전제들에 의한 논리적인 관계로 정확하게 설명하는 경우에 정답으로 처리
점수 부여	1점	유아가 옳은 답과 정당화 반응에서 전제에 의한 논리적 반응이 나타나는 경우
	0점	답이 틀린 경우와 답은 맞았으나 정당화 반응에서 경험적 반응, 진술적 반응, 기타 무반응인 경우
	논리적 사고 검사의 요인별 점수의 범위는 0~8점이며 점수가 높을수록 논리적 사고력이 높음	

2) 비판적 사고력

유아의 비판적 사고력 측정을 위해서는 김현경(2002)이 비판적 사고기능과 관련한 선행연구를 비교하고 분석하여, 유아의 비판적 사고기능을 추출하여 제작한 도구를 활용할 수 있다. 이 검사 도구는 유아의 비판적 사고기능과 사고성향을 평가할 수 있도록 구성되었다. 점수 부여방식은 0~3점 척도로 평정할 수 있고 총점은 최저 기준 0~15점으로 이루어져 있다.

〈표 25〉 유아의 비판적 사고력 검사 도구

<table>
<tr><th colspan="2">비판적 사고</th><th>평가 기준</th><th>채점</th></tr>
<tr><td rowspan="4">비판적 사고 기능</td><td>서로 다른 관점을 인식하기</td><td>• 서로 다른 입장에 대해서 인식하지 못한다.
• 타인의 입장에 대해서 공감하나 이유를 말하지 못하거나 불합리한 이유를 진술한다.
• 타인의 입장에 대해 공감하고 이유를 진술한다.</td><td>1
2
3</td></tr>
<tr><td>생각을 검증하기</td><td>• 제시된 상황에서 이유를 주목하지 못한다.
• 상황에 진술된 표면적인 이유에 주목한다.
• 진술되지 않았으나 상황으로 미루어 있음직한 이유를 인식한다.</td><td>1
2
3</td></tr>
<tr><td>판단하여 이유를 말하기</td><td>• 판단에 대한 이유를 제시하지 못하거나 관련 없는 이유를 제시한다.
• 적절한 또는 부적절한 판단과 이를 합리화하는 이유를 제시한다.
• 적절한 판단 및 정당한 이유를 제시한다.</td><td>1
2
3</td></tr>
<tr><td>결과를 예측하기</td><td>• 끌어낼 수 있는 결과에 대해 예측하지 못한다.
• 표면적인 면만을 고려하여 결과를 예측한다.
• 모든 요인과 동기를 고려하여 있음직한 결과를 예측한다.</td><td>1
2
3</td></tr>
<tr><td>비판적 사고 성향</td><td>타인에게 적용한 기준을 나에게 적용해 보기</td><td>• 자신의 감정과 욕구에 의한 진술을 한다.
• 이치에 맞으나 지극히 평범한 반응으로 현실적으로 실현하기 힘든 이상적인 입장을 진술한다.
• 깊은 사고를 거친 정교한 반응으로 생각과 행동의 불일치를 인식한다.</td><td>1
2
3</td></tr>
<tr><td colspan="2">비고</td><td colspan="2">측정된 점수가 높을수록 유아의 비판적 사고력이 높음</td></tr>
</table>

3) 창의적 사고력

유아의 창의적인 사고력 및 평소에 창의적인 사고를 어느 정도 하려는 성향을 보이는지에 대해 평가할 수 있다. 최근에 도형을 이용한 유아의 창의성 검사 개발을 한 평가도구를 살펴보고 그 후 유아가 얼마나 창의적으로 사고하려는 성향을 보이는지 평가할 수 있는 도구를 제시하였다.

(1) 도형을 이용한 유아 창의성 검사

최근에 만 5세 유아를 대상으로 도형을 이용한 유아의 유창성, 독창성, 정교성, 융통성을 평가할 수 있는 도구를 개발하였다(이혜영, 2020). 유창성은 많은 아이디어를 생각해 내는 정도, 독창성은 다른 유아들이 생각하지 못하는 참신하고 기발한 희소성 있는 아이디어를 생각해 내는 정도, 정교성은 기본적인 그림 이외에 더 첨가되어 세부적으로 생각해 내는 정도, 마지막으로 융통성은 다양한 방면으로 유연하게 생각해 낼 수 있는 정도이다. 유아 1인당 3개의 검사 문항을 제시하여 각 5분당 총 15분 검사 시간이 소요된다. 검사 문항 1은 크기가 다른 연속된 도형 10쌍, 검사 문항 2는 미완성 도형 5개, 검사 문항 3은 분할된 도형 1개를 제시하여 유아의 창의적 사고를 검사할 수 있다.

(2) 유아의 창의적 사고 성향

유아의 창의적 사고 성향 평가를 위해 강승희와 황희숙(2007)이 연구에서 사용한 창의적 사고 검사 도구를 활용할 수 있다. 이 연구에서 창의적 성향은 전경원(1999)의 유아 창의적 특성검사이다. 이 검사의 평가 방법은 평소 유아의 생활 속에서 나타나는 태도들을 바탕으로 부모나 교사가 할 수 있는 행동 관찰 체크리스트 형식이다.

〈표 26〉 **창의적 사고 성향**

사고 성향	평가 기준
독자성	문제상황에서 사회의 일반적인 통념을 의식적으로 벗어나서 생각하려는 성향
호기심	주변 사물에 대해 의문을 갖고 끊임없이 질문을 제기하려는 성향
다양성	다양한 범주 안에서 아이디어를 찾으려는 성향
민감성	일상생활에서 접할 수 있는 문제나 주위 환경에 대해서 세심한 관심을 가지고 당연히 여겨지는 것에 대해서도 의문을 제기하려는 성향
유머감각	우스꽝스러운 행동이나 생각을 많이 만들어 내는 성향
개방성	인간의 태도, 생각, 경험 따위가 기존의 사고의 틀에 얽매이지 않는 성향

2. 교사

유아의 사고력 증진을 위해 다양한 교수 학습 방법을 개발하고 적용할 수 있는 가장 훌륭한 인적 자원은 교사이다. 교사는 현재 가지고 있는 사고력 수준이나 사고하려는 성향이 얼마나 되는지 평가해 보고 그 결과를 반영함으로써 사고력 증진 함양을 위해 노력할 수 있다. 그런데 교사가 논리적, 비판적으로 사고하려는 마음가짐, 즉 사고 성향을 먼저 함양하려고 노력한다면 논리적, 비판적 사고는 증진될 것이다. 따라서 교사의 논리적, 비판적 사고기능에 대한 검사 도구는 간단히 소개하고 비판적으로 사고하려는 성향을 실제 평가할 수 있는 도구를 제시하였다. 또한 교사가 창의적인 교실 운영을 위한 창의성 검사 및 수업 능력 평가 도구를 살펴보도록 한다. 마지막으로 교사가 평소에 논리적으로 말하고 쓰기 기술 향상을 위해 평가를 할 수 있는 간단한 척도를 제시하고자 한다.

1) 논리, 비판적 사고

일반적으로 논리적 사고력을 검사할 때 '논리적 사고력(GALT) 검사 도구'를 사용한다. 이 도구는 Roadrangka et al.(1983)이 구한 GALT(The Group Assessment of Logical Thinking) 도구이다. 초등학교 이상의 대상에게 사용 가능한 도구로 21개의 문항으로 구성된 완본과 총 12문항으로 구성된 축소본 두 가지가 있다. 최근 정은주(2019)가 박사논문에서 GALT 논리적 사고력 검사 축소본 12문항을 사용하였는데 교사의 논리적 사고 수준을 평가해 볼 수 있을 것이다. 한편 교사의 비판적 사고에 대한 평가는 박선환(1998)이 대학생을 대상으로 비판적 사고력 검사 도구를 개발한 내용을 활용할 수 있다.

2) 비판적 사고 성향

교사의 비판적 사고 성향은 윤진(2004)이 개발한 비판적 사고 성향에 대한 도구를 활용할 수 있다. 비판적 사고 성향에 대한 영역 및 정의에 대해 충분한 이해가 선행되어야 할 것이다. 비판적 사고 성향에 대한 영역 및 정의는 〈표 27〉과 같다.

〈표 27〉 비판적 사고 성향의 하위 영역 및 정의

하위 영역	정의
지적 열정 / 호기심	배움에 열망이 있으며 문제에 대한 해답을 탐색하고 사건의 원인과 설명을 구하기 위해 누가, 언제, 어디서, 무엇을, 왜, 어떻게 등에 관한 질문을 제기하는 태도
신중성	타당하고 충분한 근거가 확보될 때까지 판단을 보류하고 끈기 있게 정확한 결과를 추구하는 태도
자신감	자신의 추론 과정을 믿으며 비판적 사고를 통해 타당한 결론을 이끌어 내려는 태도
체계성	논의하고 있는 문제의 핵심에서 벗어나지 않으며 조직적이고 순서 바르게 탐구하고 결론에 이르기까지 논리적 일관성을 유지하려는 태도
지적 공정성	열린 마음으로 진실을 추구하며 자신과 타인의 의견에 대해 공정하게 평가하려는 태도

하위 영역	정의
건전한 회의성	일반적으로 받아들여지고 있고 사회적으로 인정받는 사실에 대해 의심하는 태도를 가지며 자신과 타인의 오류가능성을 인정하고 의문을 제기하는 특성
객관성	타당한 근거를 토대로 결론을 도출하려고 하며 증거와 이유가 충분할 때 입장을 정하려는 태도

구체적인 비판적 사고 성향의 문항번호와 문항수는 아래와 같다.

하위 영역	문항번호	문항수
지적 열정 / 호기심	13, 15, 20, 21, 22	5
신중성	2, 4*, 14*, 18	4
자신감	17, 19, 23, 27	4
체계성	9, 11, 25	3
지적 공정성	1, 5, 24, 26	4
건전한 회의성	7, 10, 12, 16	4
객관성	3, 6, 8	3

점수 부여 방법은 '전혀 그렇지 않다' 1점, '그렇지 않다' 2점, '보통이다' 3점, '그렇다' 4점, '매우 그렇다' 5점의 Likert식 척도이다. 역채점 문항은 4번 문항 '어떤 결정을 할 때 충분히 생각지 않고 속단하는 경향이 있다'와 14번 문항 '어떤 판단이나 결정을 내릴 때 서둘러 결정짓는 편이다'이다. 구체적인 비판적 사고 성향에 대한 문항 내용이다.

〈표 28〉 비판적 사고 성향 검사

번호	문항 내용	전혀 그렇지 않다	그렇지 않다	보통이다	그렇다	매우 그렇다
1	만약 내가 확실하게 잘못한 것이 있다면 기꺼이 인정한다.					
2	타당하고 충분한 증거가 확보될 때까지 판단을 보류하고 심사숙고한다.					
3	내 신념에 대해 나름대로 근거를 가지고 있다.					
4	어떤 결정을 할 때 충분히 생각하지 않고 속단하는 경향이 있다.					
5	어떤 상황이 내 생각과 다르더라도 사실이라고 밝혀지면 그것을 받아들인다.					
6	어떤 주장이든 그것을 뒷받침할 수 있는 타당한 근거가 필요하다고 생각한다.					
7	일상적으로 하던 일도 새로운 것처럼 다시 생각해 볼 필요가 있다.					
8	다른 사람의 의견에 동의하지 않을 때 그 이유를 설명한다.					
9	어떤 결론을 내릴 때 시작부터 끝까지 그 이유를 설명한다.					
10	책에 있는 내용이라도 의문이 생길 때가 있다.					
11	다른 사람이 나를 평할 때 논리적이라고 한다.					
12	내가 옳다고 믿는 것들이 혹시 잘못된 것은 아닐까 하는 생각을 할 때가 있다.					
13	모르는 것을 알기 위해 열성적으로 노력한다.					
14	어떤 판단이나 결정을 내릴 때 서둘러 결정짓는 편이다.					
15	복잡한 문제라도 기꺼이 풀어나가려고 애쓴다.					
16	사람들이 당연하다고 인정하고 있는 것에도 종종 의문이 생긴다.					
17	어려운 일도 스스로 헤쳐 나갈 수 있다고 생각한다.					

3) 창의적 사고력

(1) 교사 자신의 창의성 평가

교사 자신의 창의성이 어느 정도인지 평가해 보고, 유아와 함께하는 창의적인 교실을 운영하기 위해 교사의 창의적 수업 능력 역량에 대해 평가해 볼 수 있다. 먼저 교사 자신의 창의성을 측정하기 위해서 최근에 유재선(2018)은 교사 창의성 척도 개발에 대한 연구를 실시하였다. 이 연구에서 교사 자신의 창의성은 아이디어, 창의성 2개의 요인에 대해 총 32문항을 개발하였다. 평정 방법은 '전혀 그렇지 않다'의 1점에서 '매우 그렇다'의 5점까지 5점 척도로 구성하였고 그 문항은 〈표 29〉와 같다.

〈표 29〉 교사 자신의 창의성 평가

문항	문항 내용
1	나는 엉뚱한 생각을 많이 한다.
2	나는 다른 사람들보다 아이디어에 대해 더 많이 생각한다.
3	나는 종종 내가 낸 새로운 아이디어에 흥분한다.
4	나는 문제에 대해 많은 아이디어나 해결책을 생각해 낸다.
5	나는 다른 사람들이 생각해 보지 못한 아이디어나 해결책을 생각해 낸다.
6	나는 재미 삼아 아이디어를 가지고 놀기를 좋아한다.
7	기이하고 엉뚱한 가능성을 생각할 수 있다는 것은 중요하다.
8	나는 아이디어를 생각해 낸다는 점에서 나 자신을 높이 평가한다.
9	나는 항상 적극적으로 생각하고, 아이디어가 많다.
10	내가 하는 일을 자유롭고 융통성 있게 결정할 수 있는 것이 좋다.
11	내 아이디어는 종종 '비실용적'이거나 '엉뚱'하다고 여겨진다.
12	나는 오랜 시간 동안 집중해서 생각할 수 있다.
13	새로운 아이디어에 푹 빠져서 내가 해야 할 다른 일을 잊어버리곤 한다.
14	나는 머릿속에 많은 아이디어들이 계속 떠올라 밤잠을 설칠 때가 자주 있다.

문항	문항 내용
15	글을 쓰거나 사람들과 대화할 때, 쓰거나 말할 거리가 여러 가지로 생각나서 한 가지 주제에 대해 계속 이야기하는 데 어려움이 있다.
16	나는 아이디어가 꼬리에 꼬리를 물어서 마지막으로 떠오른 아이디어가 어디에서 왔는지 모를 때가 있다.
17	사람들은 내가 동시에 여러 가지 다양한 생각을 하기 때문에 산만하거나 집중하지 못한다고 생각할 수도 있다.
18	나는 생각하는 것을 키우기 위해 생각을 끝까지 정리하려고 한다.
19	나는 아직 해결되지 않은 많은 문제에 대해 생각해서 답을 제시할 수 있다.
20	나는 다른 사람들이 시도하지 않은 방식으로 아이디어를 결합하는 데 능숙하다.
21	친구들은 나에게 아이디어와 해결책을 생각하는 것을 도와달라고 부탁한다.
22	나는 새로운 것을 발명하거나 기존 사물을 개선할 수 있는 방법에 대한 아이디어를 가지고 있다.
23	나는 새롭고 다른 방법으로 문제에 대한 해결책을 생각하는 것을 잘한다.
24	나는 새롭고 색다른 것들을 만들어 내는 데 능숙하다.
25	나는 다른 사람들이 생각하지 않는 질문을 잘 생각해 낸다.
26	나는 특이한 방법으로 물건을 조합해서 새로운 것을 만들기를 좋아한다.
27	나는 많은 자유와 선택이 있는 활동, 과제를 하는 것을 좋아한다.
28	결과가 어떻게 될지 생각하고 예측하는 것을 좋아한다. (예를 들면, 이야기의 다른 결말이나 색다른 실험 결과와 같이)
29	나는 새로운 것(아이디어나 방법)을 탐색하는 것은 재미있고 흥미진진하다고 생각한다.
30	나는 새롭고 흥미롭게 설명하는 방법을 생각해 내는 데 능숙하다.
31	나는 '만약~라면' 질문을 생각하는 것을 좋아한다.
32	브레인스토밍을 하고, 많은 아이디어를 생각해 내는 것은 쉽다.

위 〈표 29〉에 제시된 창의성 평가는 '아이디어', '창의성'과 같은 사고기능에 초점을 두었다. 한편 노영희 외(2006)는 유아교사의 자기 평정용 창의성 검사 도구에서 창의적 사고기능뿐만 아니라 창의적인 성향까지 평가할 수 있어 교사 자신에게 내재되어 있는 정의적 측면까지 들여다볼 수 있는 장점이 있다. 창의성의 개념 및 특성에 대한 이론적인 근거를 통해 창의성의 특성 및 개념적 정의, 문항의 예시를 제시하고 검사 문항을 개발하였다.

〈표 30〉 창의적 특성의 개념적 정의 및 문항의 예

요인		개념적 정의	문항의 예
인지적 요인	융통성	고정적인 사고방식이나 시각 자체를 변환시켜 다양한 해결책을 찾아내는 능력을 말한다. 즉, 다양한 범주 안에서 아이디어를 찾는 능력	• 오랫동안 의도적으로 여러 가지 대안을 생각해 볼 수 있다. • 한 가지 일을 여러 가지 각도에서 생각해 보고 실행한다. • 다른 사람의 대화나 토론 시 문제에 관련된 여러 가지 생각이 떠오른다.
	독창성	기존의 사고에서 탈피하여 희귀하고 참신하며 독특한 아이디어나 해결책을 산출하는 능력이며 유연한 사고에서 진전하여 자기만의 독특한 아이디어를 산출하는 능력	• 전혀 어울릴 것 같지 않은 것들을 결합해 뭔가를 만들곤 한다. • 일상생활에서 흔히 볼 수 있는 것들을 사용해 특별한 것을 만든다. • 일을 할 때, 남들이 생각하지 못하는 특이한 방법으로 하는 것이 좋다.
	상상력	과거의 경험을 기초로 해서 앞으로의 행동을 계획할 수 있도록 하는 새로운 표상을 만드는 능력, 어떤 대상을 머리로 그릴 수 있는 능력	• 영화나 소설책을 대할 때 언제나 다음 내용이 어떻게 전개될 것인지를 미리 상상해 보는 편이다. • 이상하고 신기한 것에 대해 알고 싶다. • '만약, -라면' 하는 생각을 자주 해 본다.
정의적 요인	유머	우스꽝스러운 행동이나 생각을 많이 만들어 내는 성향	• 주변 사람들은 나를 '재미있는 사람'이라고 생각한다. • 엉뚱하거나 재미있는 말이나 행동으로 주위 사람들을 웃긴다. • 재미있는 생각으로 어색한 상황을 모면한다.
	탈규범성	어떤 기종의 제도 또는 규칙에서 얽매이는 것을 싫어하는 성향	• 간섭이나 구속받는 것을 싫어한다. • 남에게 얽매이는 것을 싫어한다. • 남들과 똑같은 방식과 행동을 싫어한다.
	몰입/인내	주변의 사물이나 현상에 대해 오랜 시간 동안 몰두를 하고 과제를 끝까지 해내려는 성향	• 지금 몰두하고 있는 관심 분야가 있다. • 종종 해야만 하는 일을 잊어버릴 정도로 어떤 일에 몰두한다. • 내가 좋아하는 일은 시간 가는 줄 모르고 한다.
	개방성	인간의 태도, 생각, 경험 따위가 기존의 사고의 틀에 얽매이지 않는 성향	• 나 자신과 다른 생각이나 태도를 가진 사람과도 잘 어울린다. • 다양한 사람들의 경험을 받아들인다. • 타인의 입장에서 생각을 한다.

요인		개념적 정의	문항의 예
	모험 추구	다양한 경험과 자유를 추구하려는 성향	• 혼자서 무언가 하기를 좋아해 혼자서도 잘 다닌다. • 무인도에서 한 달간 나 혼자서 살 수 있다. • 혼자서 여행하는 것을 싫어한다.
	자기 확신	자신의 창의적 잠재력과 존재에 대해 긍정적으로 생각하려는 성향	• 인생은 살 만한 가치가 있다고 생각한다. • 이 세상에서 어떤 공헌을 하게 될 매우 소중한 존재라 생각한다. • 나는 내 일을 스스로 알아서 한다.
	독립성	다른 사람의 생각이나 평가에 개의치 않고 혼자서 일을 하는 성향	• 내가 남들과 다른 것에 대해 두려움을 느낀다. • 나는 주위의 평가나 인정으로부터 의식하지 않고 행동한다. • 나는 문제를 해결하는 과정에서 판단을 하는 경우 다른 사람에게 의지하지 않고 판단한다.

(2) 창의적 수업 능력 역량 평가

창의적인 교사와 함께 하루 일과를 보낸다면 그 교실의 유아들은 창의적 사고를 할 수 있는 경험을 제공 받을 수 있다. 유아에게 교실의 다양한 창의적 활동은 유아의 창의적인 사고를 할 수 있는 기회가 될 것이다. 따라서 유아들은 창의적인 사고를 표현할 수 있고 그 생각을 다른 또래 유아들과 공유하게 됨으로써 자연스럽게 교실 자체가 창의적인 환경으로 전환될 수 있다. 이와 같이 교사와 유아, 유아와 유아 사이에 창의적인 사고를 배양할 수 있도록 유아교사는 교실에서 유아의 창의적 사고를 지원할 수 있는 다양한 활동 및 교실 분위기 등을 마련하도록 해야 한다. 이 시점에서 유아교사는 김호(2013)가 개발한 유아교사의 창의적 수업 능력 평가 도구를 활용하여, 유아교사의 창의적 사고 및 창의적 사고 성향 배양에 노력해야 한다. 창의적 수업 능력 평가 도구는 교사의 창의적 성향, 창의적 동기, 창의적 사고 지원 및 수업 방식 및 학급 분위기, 창의적 과정과 결과 산출에 대한 평가를 할 수 있도록 총 25문항으로 구성되었다. 창의적 수업 능력 평가 5개 영역에 대한 문항 번호 및 문항은 〈표 31〉과 같다.

〈표 31〉 창의적 수업 능력 평가 영역의 문항 번호 및 문항

영역	문항번호	문항
창의적 성향 지원	13	유아가 발견하거나 알아낸 해결책을 한 가지 방법만이 아니라 또 다른 방법으로 모색해 보도록 한다.
	25	유아가 몇 가지 활동 중에서 선택할 수 있도록 하여 주도적으로 참여할 수 있도록 한다.
	26	유아가 눈여겨보고, 귀담아듣고, 자세히 살필 수 있는 과정을 제공한다.
	28	유아로 하여금 다른 사람 의견과 관점을 받아들일 수 있도록 한다.
창의적 동기 지원	17	유아의 호기심을 유도할 수 있는 자료나 매체를 적절하게 사용한다.
	18	유머를 사용하여 유아가 자유와 즐거움을 느끼면서 수업에 적극적으로 참여하도록 한다.
	21	교사는 재미있는 표정, 몸짓 등을 적절히 사용하여 수업에 열정적으로 참여한다.
	22	유아가 수업에 흥미를 갖도록 하는 계기(도입)를 만들어 준다.
	24	유아가 흥미를 느끼는 부분에 대하여 질문할 수 있도록 허용한다.
창의적 사고 지원	1	유아가 여러 가지 대안을 생각하고, 느낌을 공유할 수 있도록 개방적인 질문을 자주 사용한다.
	2	유아의 비판적 사고를 격려하는 질문을 적절하게 사용한다. (예: “~에 대해 더 자세히 말해 주겠니?”)
	3	유아의 구체적인 반응을 이끌어 내기 위해서 추가적인 질문을 사용한다. (예: ‘~에’ 대해 더 자세히 말해 주겠니?)
	4	유아에게 생각하는 질문을 한 후 유아가 생각하고 대답할 수 있는 충분한 시간(5초 이상)을 허락한다.
	6	유아가 발표할 때 ‘그래’, ‘음’, ‘아~아’ 등과 같은 긍정적인 반응을 보인다.
	7	유아의 독특한 생각과 느낌을 지원하고 격려한다.
	11	유아로 하여금 상상해 보게 하고, 상상한 것을 그림이나 언어 등으로 표현하게 한다.

영역	문항번호	문항
수업 방식 및 학급분위기	35	유아와 함께 창의적 사고 기법(브레인스토밍, 유추, 스캠퍼, 예측하기 등)을 활용한다.
	37	유아의 흥미, 상황에 따라 수업을 융통성 있게 운영한다.
	38	유아에게 새롭고 도전적인 과제를 제시한다.
	40	학습목표를 효과적으로 도달하기 위하여 독창적이고 참신한 수업방법을 진행한다.
	41	수업 자료를 독특한 방식으로 사용한다.
창의적 과정과 결과 산출	42	교사 자신이 창의적인 생각을 유아들에게 표현한다.
	44	유아가 창의적인 과정과 결과로 인하여 즐거움을 얻을 수 있도록 한다.
	45	모둠별/개인별로 산출된 새롭고 다양한 아이디어와 작품을 공유할 수 있도록 한다.
	46	유아 스스로 자신의 학습 결과에 대해 평가하도록 한다.

교사 자신의 창의성 정도를 평가해 보고 유아교육기관에서 교실 운영에 있어 창의성에 대한 성향 및 창의적 수업 역량 정도를 평가한 후 교사 개개인이 창의적 사고를 강화시키기 위해 노력해야 할 것이다.

4) 논리적 말하기, 글쓰기 능력 평가

Ⅳ장에서 논리적 말하기, 글쓰기에 대해 학습하였다. 논리적으로 말하기, 글쓰기는 지식의 분야보다 기술(skill)에 가깝다. 이 말은 얼마든지 논리적으로 말하기, 글쓰기를 연습한다면, 이에 관련한 기술 습득이 가능하다는 것을 말해 주고 있다. 따라서 평소에 내가 얼마나 자신 있게 말하는지, 논리적으로 글을 쓰려고 하는지 간단하게 평가해 볼 수 있는 척도를 제시하고자 한다. 김재봉(2016)에 제시한 '자신 있는 말하기 자기평가', '정확하게 말하기 평가하기' 척도를 소개하고, 명지원(2011)의 연구에서 제시한 '논리적 글쓰기 평가 기준'을 제

시하여 예비 교사 자신이 수시로 평가할 수 있도록 하였다.

(1) 자신 있는 말하기 자기평가

다음은 말하기에 대한 자신감의 정도를 스스로 평가하기 위한 질문이다. 다음의 질문에 대해 '항상 그렇다.'고 생각할 때는 ④, '그런 편이다.'고 생각할 때는 ③, '그렇지 않은 편이다.'라고 생각할 때는 ②, '전혀 그렇지 않다.'고 생각할 때는 ①에 체크한다.

번호	평가항목	평가			
		①	②	③	④
1	사람들과 만났을 때 말의 주도권을 잡는 편이다.				
2	낯선 사람에게 말을 잘 붙인다.				
3	목소리가 크고 자신감에 차 있다.				
4	내가 말하는 중에 다른 사람이 끼어들면 양보한다.				
5	남이 말한 것을 거의 다 기억한다.				
6	사람이 많은 자리에서도 의견이 있으면 일어서서 말한다.				
7	회의나 여러 명이 의논할 때 내 의견을 분명히 말한다.				
8	내 주장을 관철시키기 위해 말할 때가 있다.				
9	윗사람에게 내 생각을 말할 자신이 있다.				
10	처음 만나는 이성에게도 말을 잘 붙일 수 있다.				

〔평가방법〕
- ①은 4점, ②는 6점, ③은 8점, ④는 10점을 부여한다.
- 각각의 점수를 합산한다.
- 점수가 80점 이상이면 어느 곳에서나 말을 잘하는 사람이다.
- 점수가 50점 이상이면 약간의 연습을 하면 자신감을 더 가질 수 있다.
- 40점~49점 사이라면 타인 앞에서 말하는 연습이 필요하다.

출처: 김재봉(2016). 언어심리 기반의 말하기와 글쓰기 이해와 활용.

(2) 정확하게 말하기 평가하기

다음은 자신의 의견을 정확하게 전달하고 있는지에 대한 자기평가 질문이다. 다음의 질문에 대해 '항상 그렇다.'고 생각할 때는 ④, '그런 편이다.'고 생각할 때는 ③, '그렇지 않은 편이다.'라고 생각할 때는 ②, '전혀 그렇지 않다.'고 생각할 때는 ①에 체크한다.

번호	평가항목	평가			
		①	②	③	④
1	내 발음에 문제가 있다고 생각한다.				
2	내 목소리에 불만을 느낀 적이 있다.				
3	다른 사람이 내 말을 듣고 다시 한 번 설명해 달라고 반문한 적이 있다.				
4	말을 잘 못해서 듣는 사람과 다툰 적이 있다.				
5	내가 말할 때 다른 사람이 자주 끼어든다.				
6	'내가 왜 이런 말을 하지?' 하고 후회한 적이 있다.				
7	대중 앞에서 말하는 것은 나와 무관하다고 생각한다.				
8	다른 사람을 설득해 본 적이 없다.				
9	할 말을 참지 못하고 즉각 말한다.				
10	사람을 만나면 할 이야기가 없다.				

〔평가방법〕
- ①은 10점, ②는 8점, ③은 6점, ④는 4점을 부여한다.
- 각각의 점수를 합산한다.
- 점수가 80점 이상이면 자신의 의견을 정확하게 전달하고 있는 편이다.
- 점수가 60점 이상이면 약간의 연습으로 자신의 의견을 정확하게 표현할 수 있다.
- 40점~59점 사이라면 반드시 정확한 의사표현을 위한 연습을 해야 한다.

출처: 김재봉(2016). 언어심리 기반의 말하기와 글쓰기 이해와 활용.

(3) 논리적 글쓰기 평가 기준

번호	평가 기준
1	주제가 뚜렷하게 나타나는가?
2	처음, 중간, 끝의 부분이 명확한가?
3	내용을 알기 쉽도록 구조가 명확한가?
4	문단 조직과 연결이 자연스러운가?
5	문단의 내용이 일관성과 통일성이 있는가?

출처: 명지원(2011). 읽기-말(토론)하기-쓰기 능력 향상을 위한 홀리스틱 접근.

함께 해보기

❶ 비판적 사고 성향, 창의적 수업능력 평가를 해 봅시다.
- 지금 현재 나의 사고력 수준을 점검하고 강화하는 계기가 될 것입니다.

❷ 유튜브 채널에서 '창의력 테스트'를 검색한 후 다양한 내용을 경험해 보고 토의를 해 봅시다.

❸ 논리적 글쓰기, 말하기 능력 평가를 해 봅시다.

Ⅵ

유아의 사고력 증진을 위한 활동의 실제

Ⅵ. 유아의 사고력 증진을 위한 활동의 실제

유아의 사고력 증진을 위한 활동의 실제는 Ⅲ장에서 살펴본 교수학습 방법에서 제시한 내용을 중심으로 제시하였다. 유아의 논리적, 창의적, 비판적 사고력 증진을 위한 다양한 활동에는 기본적으로 교사의 발문이 적용되어 있다. 교사의 발문은 유아에게 논리적 사고를 비롯한 다양한 사고를 하도록 하며, 유아는 이러한 사고과정을 통해 많은 아이디어를 산출할 수 있다.

1. 교사의 발문에 집중한 활동(활동유형별)

1) 이야기 나누기

(1) 가족 구성원

활동명	가족이 될 수 있는 대상은?	생활주제	우리 가족
활동유형	이야기 나누기	활동연령	만 4세
목표	• 우리 가족 구성원을 알고 가족이 될 수 있는 대상에 대해 사고한다. • 가족이 될 수 있는 대상에 대한 생각을 논리적으로 말할 수 있다.		
활동자료	가족사진, 가족과 관련한 이미지		

활동내용	논리 · 창의 관련 요소
• 지난 시간에 우리 가족 구성원에 대해 알아보았어요. • 가족 구성원이 될 수 있는 대상에는 어떤 것들이 있을까? – 같이 산다면 모두 가족이 될 수 있을까?	– 문제 해결을 위한 정보 수집하기 – 가능한 많은 양의 아이디어 산출하기
• 만약 이모는 이모 엄마랑 떨어져서 너희랑 같이 산다면 그럼 너희 가족이 아니니? – 유아1: 그건 이모가 미국에서 살아야 하고 이모는 한국에 집이 없어 우리 집에 같이 살아서 그래서... 가족이 될 수 있어요. – 유아2: 그럼 우리 집에 같이 사는 강아지도 가족이 될 수 있겠다. **• 너희들은 동물과 가족이 될 수 있다고 생각하니?** – 유아1: 예. – 유아2: 친구야, 너는 왜 그렇게 생각하니? – 유아3: 왜냐하면 같이 잠을 자면 가족이 될 수 있잖아.	

• **아, 그렇게 생각하는구나. 같이 잠을 잔다고 해서 모두 가족이 될 수 있는 것은 아닌 것 같은데요.** - 유아1: 엄마, 아빠와는 같이 자잖아. 그러니까 가족이잖아. - 유아2: 같이 자지만 사람들이잖아.	- 논리적 근거 찾기 - 분명하고 설득력 있게 표현하기
• **너희들은 사람만 가족이 될 수 있다고 생각하니?** - 유아1: 예. - 유아2: 아니요. 같이 자지는 않지만 제가 키우는 햄스터도 우리 가족이에요. 왜냐하면 우리 햄스터도 같이 살고 사랑해 주고 보호해 주니까요. • **그럼 사랑하면 모두 가족이 될 수 있을까?** - 예. 가족은 서로 서로 사랑하고 보살펴 주는 것이니까요. • **장난감하고도 가족이 될 수 있을까?** - 예, 저는 요 뽀로로 인형을 많이 좋아해요. 그래서 매일 매일 뽀로로 인형하고 이야기하고 놀이해요. 그래서 우리 가족이에요. • **집에 있는 기계(컴퓨터, TV)하고도 가족이 될 수 있을까?** - 예. 우리 가족은 매일 식탁에서 이야기하고 엄마는 나한테 유치원에서 뭐하고 놀았는지 물어보시고 나는 이야기해요. 그래서 가족이랑 이야기를 하잖아요. 텔레비전에서 텔레토비가 나와 나랑 이야기도 하고요. 내가 좋아하는 컴퓨터에서도 인형이랑 사람들이 나와 나랑 이야기하잖아요. 그래서 텔레비전과 컴퓨터는 가족이에요.	- 다양하게 표현하기

활동의 유의점	• 가족 구성원이 될 수 있는 대상에 대해 자유롭게 생각하고 논리적으로 설명하도록 한다.
확장활동	• 가족이 될 수 있는 대상에 대한 사전 만들기

❖ 참고)

논리적이고 창의적인 사고 증진 활동에 도움이 될 수 있는 개념 어휘를 제시하면 다음과 같다.

개념 어휘	주제
가족	가족이 될 수 있을까?
출산	• 생일의 의미 • 동생 맞이하기 • 엄마 몸의 변화/엄마에 대한 고마움 • 임신 등
성장	몸의 크기
사랑	보살핌, 고마움

• 활동계획안 작성해 보기) 위의 개념 어휘를 이야기 나누기 주제로 하여 교사의 발문에 집중한 계획안 작성해 보기

(2) 장수풍뎅이는 왜 흙 속에 알을 낳을까요?

활동명	장수풍뎅이는 왜 흙 속에 알을 낳을까요?	생활주제	동물
활동유형	이야기 나누기	활동연령	만 5세
목표	• 장수풍뎅이의 성장 과정을 알 수 있다. • 곤충의 알과 장수풍뎅이 알을 비교 분석할 수 있다. • 장수풍뎅이의 특징을 이해하고, 자신의 생각을 논리적으로 말할 수 있다.		
활동자료	장수풍뎅이 관련 자료		

활동내용	논리 · 창의 관련 요소
• **'장수풍뎅이의 일생' 동영상을 보며 성장 과정에 대해 이야기를 나눈다.** - 장수풍뎅이의 알은 어떤 모양이었나요? - 알을 만지면 어떤 느낌일 것 같나요? - 장수풍뎅이 알을 보니 무엇이 떠오르나요? - 알에서 1령 애벌레가 되기까지 며칠이 걸린다고 했나요? - 흙 속에서 알은 어떻게 변할까요? - 1령 애벌레 다음 어떻게 성장할까요? - 1령 애벌레의 모습과 2령 애벌레의 모습은 어떻게 다른 것 같나요? - 2령 애벌레에서 3령 애벌레가 되려면 며칠이 필요할까요? - 애벌레는 무엇을 먹으며 자랄 것 같나요? - 흙을 먹는 애벌레의 모습은 어떻게 보일까요? - 성충이 되기 전을 무엇이라 하나요? - 왜 우화라고 할까요? - 우화일 때 모습은 어떤가요? - 딱지날개 부분의 몸 색깔이 어땠나요? - 색깔이 연한 이유는 무엇일까요? - 왜 그렇게 생각하나요?	- 문제 해결을 위한 정보 수집하기
• **다른 곤충들의 알 모습을 보며 장수풍뎅이의 알과 비교해 본다.** - 곤충의 알을 본 적 있나요? - 어디에서 보았나요? - 다른 곤충은 알을 어떻게 낳을까요? - 장수풍뎅이의 알과 모습이 어떻게 다를 것 같나요?	- 사물의 다양한 속성 비교하기
• **장수풍뎅이 알을 다른 곳에 낳는다면 어떤 곳이 좋을지 이야기한다.** - 장수풍뎅이가 알을 낳을 때 어떤 곳에서 알을 낳으면 좋을 것 같나요?	- 가능한 많은 양의 아이디어 산출하기 - 논리적 근거 찾기

- 알은 어떤 곳을 좋아할 것 같나요? - 만약 땅 위에 알이 있다면 어떤 일이 생길 것 같나요? - 다른 곤충들이 장수풍뎅이의 알을 발견하면 어떻게 할까요? • **장수풍뎅이는 왜 흙 속에 알을 낳을지 상상해 보거나 사고해 본다.** - 장수풍뎅이는 알을 어디에서 낳았나요? - 왜 흙 속이나 낙엽 밑에 알을 낳을까요? - 흙 속에 무엇이 있을 것 같나요? - 흙 속에 알을 낳으면 어떤 점이 좋을 것 같나요? - 흙 속에 알을 낳으면 어떤 점이 불편할 것 같나요? - 왜 그렇게 생각하나요? - 다른 친구의 생각은 어떤가요?	- 분명하고 설득력 있게 표현하기
• **흙 속에서 자고 있는 장수풍뎅이 알에게 편지를 쓴다.** - 장수풍뎅이가 흙 속에 알을 낳는 이유에 대해 이야기 나누어 보았지요~ - 흙 속에서 자라고 있는 장수풍뎅이 알에게 어떤 말을 해 주고 싶나요? - 어떤 이야기를 들으면 더 잘 자랄 것 같나요? - 건강한 성충이 될 수 있도록 용기의 말을 전해 보도록 해요.	- 다양하게 표현하기

활동의 유의점	• 장수풍뎅이의 생태에 대해 생각해 볼 수 있도록 한다. • 자신의 의견을 논리적으로 설명하도록 한다.
확장활동	• 장수풍뎅이/알을 다양한 재료를 활용하여 만들기

(3) 향기

활동명	냄새나는 강아지 알프레드– 향기 나는 알프레드	주제	냄새와 향기
활동유형	이야기 나누기 및 표현활동	활동연령	만 5세
목표	• 동화를 듣고 다양한 향기의 특징에 대해 논리적으로 이야기할 수 있다. • 냄새와 향기의 공통점과 차이점에 비교 분석할 수 있다. • 향기를 상상해 보고 독창적, 창의적으로 표현해 본다.		
활동자료	동화 '냄새나는 강아지 알프레드', 도화지, 색연필 등		

활동내용	논리 · 창의 관련 요소
• 손유희로 아이들이 집중을 하도록 한다. – 재밌는 동화가 왔어요. 재밌는 동화가 왔어요. – 재밌는 동화가 왔어요. 잘 들어 보세요~ **• 동화책의 표지를 살펴보며 이야기 나눈다.** – 오늘 읽을 동화책의 제목은 무엇일까요? – 알프레드 옆에는 어떤 글씨가 써 있어요? 동화책의 표지에는 어떤 그림이 그려져 있나요? – '폴폴~', '풀풀~'은 무슨 뜻일까요? – 알프레드에게 어떤 냄새가 날 것 같나요? – 알프레드의 몸에 있는 버섯, 치즈, 곰팡이, 나뭇잎 그림을 보고 어떤 냄새일지 추측해 보도록 한다. – 우리 친구들은 강아지 하면 어떤 생각이 드나요?	– 가능한 많은 양의 아이디어 산출하기 – 논리적 근거 찾기
• '냄새나는 강아지 알프레드' 동화를 읽고 회상해 본다. – 알프레드는 어떤 강아지였니? – 알프레드의 몸에서는 어떤 냄새들이 났었니? – 친구들은 알프레드의 몸에서 나는 냄새들을(곰팡이 냄새, 치즈 냄새, 썩은 버섯 냄새 등) 맡아 본 적이 있니? – 그 냄새를 맡았을 때 어땠니? – 남자친구가 알프레드의 냄새를 없애기 위해 어떤 행동을 했니? – 우리 친구들이라면 알프레드의 냄새를 없애기 위해 어떻게 했을 것 같니? – 냄새를 없애기 위해 평소에 했던 행동, 몸을 깨끗이 하기 위해 했던 행동이나 경험을 이야기하도록 하였다. (바람으로 날려요, 털을 밀어버려요 등)	– 문제 해결을 위한 정보 수집하기 – 다양한 해결책 찾아내기 – 아이디어를 정교하게 다듬어 발전시키기 – 개념이나 사물을 그 속성이나 요소로 분석하기 – 개념을 통일해 하나의 의미로 정립하기 – 논리적 근거 찾기

- 깨끗이 목욕을 시키고 나니 알프레드가 어떻게 되었니? - 깨끗이 목욕을 한 알프레드에게 어떤 냄새, 향기가 날까 상상해 보자. (꽃 냄새, 비누 냄새, 좋은 향기) - 알프레드를 깨끗이 씻긴 후에 주인공은 왜 슬퍼졌니? - 그래서 어떤 행동을 했니? • **'냄새와 향기'의 공통점과 차이점에 대해 이야기를 나눈다.** - 너희들이 어떤 상황에서는 '냄새'라는 단어를 사용하고 있고 또 어떤 상황에서는 '향기'라는 단어를 사용했단다. '냄새'와 '향기'는 무엇일까? - '냄새'와 '향기'의 공통점과 차이점에 대해 이야기를 나눈다. - 그럼 어떤 상황에서 '냄새', '향기'를 사용할까? - 음식 향기, 음식 냄새, 꽃 냄새, 발 향기 등 예시를 활용해 본다.	
• **'냄새', '향기' 에 대해 느낌이나 상상한 내용을 그림으로 자유롭게 표현해 본다.** - 다양한 모양, 색의 도화지, 다양한 색을 선택해서 표현하도록 한다.	- 주어진 정보를 기초로 상상하기 - 다양한 표현하기
• **완성된 작품을 소개하며 이야기를 나눈다.** - '냄새'를 표현한 그림을 보고 왜 이런 방법으로 그리거나 꾸몄나요? - 어떤 재료를 사용해서 그리거나 꾸몄나요? - '향기'를 표현한 그림을 보고 왜 이런 방법으로 그리거나 꾸몄나요? - '냄새', '향기'를 표현한 내용의 차이점은 어떤 것이 있을까요? - 이 작품의 제목을 무엇으로 하면 좋을까요? - 왜 그 제목이 어울린다고 생각했나요? - 우리 교실 어디에 전시하면 좋을까요?	- 논리적 근거를 바탕으로 추론하기 - 분명하고 설득력 있게 표현하기

활동의 유의점	• 주변에서 다양한 향기에 대해 관심을 갖도록 한다. • 자신의 생각을 자유롭고 창의적으로 표현하도록 한다.
확장활동	• 자신의 신체를 이용해 '냄새', '향기' 표현하기

2) 동화

활동명	「난 토마토는 절대 안 먹어」 동화 표지 탐색하기	주제	건강
활동유형	동화 / 이야기 나누기	활동연령	만 5세
목표	• 동화 표지를 탐색해 보고 어떤 내용일지 상상해서 말할 수 있다. • 동화 표지를 탐색하며 이야기 나눈 내용으로 동화의 제목이 무엇인지 추론해 볼 수 있다. • 뒷이야기를 상상해 보고 독창적, 창의적으로 말할 수 있다.		
활동자료	동화 '난 토마토는 절대 안 먹어'		

활동내용	논리 · 창의 관련 요소
• 동화의 표지를 보고 함께 이야기를 나눈다. – (제목을 가리고) 동화 표지에 무엇이 보이나요? – 이 아이들은 무엇을 하고 있는 것 같나요? – 무엇을 보고 있나요? – 왜 저 아이는 식탁 위에 있는 토마토를 보고 있을까요? 또 무슨 생각을 할까요? – 저 남자아이는 여자아이를 보며 무슨 생각을 하고 있을까요?  〈제목 가린 동화 앞표지 그림〉 출처: 로렌 차일드 글 · 그림(2001). 난 토마토 절대 안 먹어. 국민서관.	– 가능한 많은 양의 아이디어 산출하기 – 주어진 정보를 기초로 상상하기

• **다양한 정보를 활용하여 어떤 이야기인지 상상해 본다.** - 이 동화 속에는 어떤 이야기가 들어 있을 것 같나요? - 무엇을 보고 그렇게 생각했나요? - 이 동화의 제목을 알 수 있을까요? - 동화의 제목을 알아보는 방법에는 어떤 것이 있을까요? 먼저 우리는 동화의 표지 그림을 관찰하며 어떤 이야기인지 상상해 봤어요. - 동화의 제목을 어떻게 알아볼 수 있을까요? - 동화의 제목 글자 수 힌트 주기, 동화 그림 빨리 넘겨 보여 주기, 동화 제목을 동작으로 표현해 보여 주기 등의 방법을 사용한다. - 먼저 동화의 제목 글자 수를 (박수, 손가락)을 활용하여 알려줄게요. - 동화의 제목은 모두 몇 글자일까요? - 그래요. 모두 아홉 글자예요. - 제목이 무엇일지 떠오르는 대로 이야기해 볼까요? - 첫 글자는 '난'이었어요. 어떤 제목일까요? - 그림에서 보았던 '토마토'가 들어간대요. - 난 토마토 (　　) 안 먹어. 자, 가운데 (　　)에 어떤 단어가 들어갈까요? - '절대'가 들어가네요. '절대'는 무슨 뜻일까요? - 이 책의 제목은 '난 토마토 절대 안 먹어'이네요. - 그럼 조금 다르게 제목을 바꾸어 볼까요? '난 토마토 진짜 안 먹어' 등	- 논리를 근거로 추론하기 - 논리적 근거 찾기 - 주어진 정보를 기초로 상상하기 - 개념을 통일해 하나의 의미로 정립하기 - 다양한 표현하기
• **'난 토마토 절대 안 먹어' 동화의 장면 중에 가장 재미있거나 인상 깊었던 부분을 찾아 이야기해 본다.** - 동화 중에서 어느 부분이 가장 재미있었나요? - 찰리와 룰라에게는 어떤 문제가 있었나요? - 싫어하는 음식이 많은 룰라를 위해 찰리는 어떤 방법을 생각했나요? - 만약 내가 찰리라면 룰라에게 어떻게 했을까요? - 왜 그렇게 했을 것 같나요?	- 다양한 시각으로 상황과 문제 조망하기 - 기존의 사고에서 탈피하여 희귀하고 참신한 아이디어나 해결책을 산출하기

3) 미술

(1) 뒤죽박죽 카멜레온

활동명	뒤죽박죽 카멜레온 창의적으로 꾸미기	생활주제	동물
활동유형	미술	활동연령	만 5세
목표	• 동물의 특징에 대해 알고 다양하게 표현할 수 있다. • 동물을 만드는 과정에서 자기만의 독특한 방법으로 표현한다.		
활동자료	멀티미디어 자료, 다양한 만들기 재료(CD, 플라스틱, 셀로판지, 수수깡, 색연필, 색종이 등등)		
사전활동	동화 '뒤죽박죽 카멜레온'을 듣고 나만의 동물 만들기를 계획한다.		

활동내용	논리 · 창의 관련 요소
• **'뒤죽박죽 카멜레온' 동화에 대해 이야기를 나눈다.** - '뒤죽박죽 카멜레온' 동화 속에서 카멜레온이 동물원에 가서 어떤 동물들을 보았나요? - 카멜레온이 제일 처음 어떤 동물이 되고 싶어 했는지 기억하나요? 그 동물의 어떤 특징을 가지고 싶어 했나요? 그 다음에는 어떤 동물인가요?	- 순서화하기
• **다양한 동물의 특징에 대해서 주의 깊게 살펴보고 이야기한다. (멀티미디어 활용)** - 북극곰은 어떻게 생겼나요? 털의 색은? 꼬리는? 팔은? 귀는? - 사슴은 어떻게 생겼나요? 뿔의 길이는 어떤가요? 기린의 뿔과 비교했을 때 다른 점이 있나요? 어떤 점이 다른가요? - 사슴의 뿔은 나뭇가지처럼 생겼는데 기린의 뿔은 동글동글하게 생겼네요. - 코끼리의 꼬리는 어떻게 생겼나요? 기린의 꼬리와 비교했을 때 어떤 점이 같나요? - 코끼리와 기린의 꼬리가 붓 모양처럼 생긴 점이 비슷하네요.	- 문제 해결을 위한 정보 수집하기 - 사물의 다양한 속성 비교하기
• **동물의 모습 중 어떤 특징을 가지고 싶은지 이야기하고 재료를 준비한다. (유아와 함께 정하기)** - 선생님은 더 멀리 있는 소리를 듣고 싶어서 토끼의 큰 귀가 있었으면 좋겠다고 생각했어요. 여러분도 동물의 모습으로 변하고 싶었던 적이 있나요? 꼭 책에 나온 동물들이 아니어도 좋아요. - 그 이유는 무엇인가요? - ○○이는 물고기처럼 수영을 잘하고 싶어서 물고기의 지느러미가 가지고 싶었구나. - 물고기의 지느러미를 표현하려면 어떤 재료를 이용하면 좋을까요?	- 가능한 많은 양의 아이디어 산출하기 - 분명하고 설득력 있게 표현하기 - 논리적 근거 찾기

- 더 필요한 재료가 있을지 생각해 볼까요? - 수수깡은 무엇을 표현할 때 사용하려고 하나요? - 수수깡으로 또 어떤 동물의 특징을 표현해 볼 수 있을까요?	
• **나만의 동물을 만든다. (현장의 상황에 따라 열린 질문하기)** - 그릇을 이용하여 거북이의 등껍질을 만들고 있네요. 정말 거북이의 등껍질처럼 단단하고 안전하게 숨을 수 있을 것 같아요. - 단추를 이용하여 사슴의 눈을 만들고 있네요. 진짜 사슴의 눈처럼 초롱초롱한 모습이 되었네요. - 부엉이의 눈을 CD로 만들고 있네요. 정말 부엉이의 눈처럼 크고 빛나게 만들어졌네요. - 셀로판지로 물고기의 지느러미를 만들고 있네요. 물고기의 지느러미처럼 정말 반짝반짝 멋지게 만들어진 것 같아요. - 코끼리의 코를 빨대로 만들고 있네요. 코끼리 코처럼 정말 길고 둥그렇게 잘 표현되었네요. - 홍학의 기다란 다리를 이쑤시개로 만들었네요. 정말 홍학의 길고 얇은 다리처럼 잘 표현되었어요. - 풀을 사용해서 수수깡을 붙이니까 자꾸 떨어지네요. 수수깡을 붙일 때에는 어떤 접착제를 사용하면 단단하게 잘 붙을까요? - 재료들 중에서 무엇을 쓰면 좋을지 다시 한 번 찾아서 붙여 볼까요?	- 참신한 아이디어나 해결책 산출하기 - 사물의 속성 분석하기
• **완성된 작품을 소개하며 이야기를 나눈다.** - 내가 어떤 동물의 어떤 모습을 표현해 보았는지 친구들 앞에서 이야기해 줄 수 있는 친구가 있나요? - ○○이가 나와서 이야기해 보아요. - 어떤 동물들의 특징들이 들어가 있나요? - 왜 이 동물의 특징을 넣었나요? - 그러면 ○○이가 만든 이 동물은 어떤 울음소리일 것 같나요? - 이 동물의 울음소리를 흉내 내어 소리 내 볼 수 있나요? - 만든 동물의 이름을 무엇으로 정하면 좋을까요? - 왜 그 제목이 어울린다고 생각했나요? - 오늘 만든 나만의 동물은 어디에 전시하면 좋을까요?	- 다양하게 표현하기 - 분명하고 설득력 있게 표현하기

활동의 유의점	• 유아들이 동물의 다양한 모습을 충분히 탐색하고 생각해 볼 수 있도록 한다. • 다양한 재료를 가지고 표현할 수 있도록 안내한다. • 다양한 미술도구와 재료를 안전하게 사용할 수 있도록 지도한다.
확장활동	• 유아들이 만든 동물 사진을 찍어 머리띠를 만든 후 자신이 만든 동물의 움직임을 상상해 보며 표현하는 신체 놀이를 한다.

(2) 우주를 만들어요

활동명	우주를 만들어요	주제	우주
활동유형	미술	활동연령	만 5세
목표	• 천문대 견학을 통해 다양한 우주와 행성에 대해 안다. • 우주와 행성을 창의적으로 표현하기 위한 다양한 방법에 대해 사고해 본다. • 여러 가지 재료를 탐색하여 창의적으로 우주를 만들 수 있다.		
활동자료	여러 가지 우주 사진, 검은색 도화지, 색종이, 크레파스, 물감, 스티커, 풀, 가위		

활동내용	논리 · 창의 관련 요소
• **천문대를 견학했던 경험에 대해 이야기를 나눈다.** - 어제 천문대를 갔을 때 무엇을 보았나요? - 우주의 다양한 모습을 보니 느낌이 어땠나요? - 우주를 관찰하면서 새롭게 알게 된 점이 있나요? - 천문대에 가서 본 우주의 색은 어땠나요? - 왜 우주는 검은색일까요? - 그럼 행성은 어떤 색일까요? - 한 가지 색만 보았나요? 여러 가지 색을 보았나요?	- 당연하게 받아들여졌던 사실에 대해 의문 품기 - 판단 유보하기
• **다양한 재료를 이용한 우주 꾸미기 활동에 대해 알아본다.** - 어제 천문대에서 보았던 우주의 모습을 또 볼 수 있을까요? - 어떻게 하면 우리가 보고 싶을 때마다 같은 모습의 우주를 볼 수 있을까요? - 그래, 우주를 만드는 방법이 있겠구나. - 그림을 그려서 보고 싶을 때마다 볼 수 있는 방법도 있구나. - (물감, 색종이, 크레파스를 보여 주며) 이 재료들이 무엇인지 알고 있나요? - 물감과 색종이, 크레파스예요. - 오늘은 이 재료들을 이용해서 어제 보았던 우주의 모습을 표현해 보면 어떨까요? - 어떤 행성들을 표현해 볼까요? - ○○이는 달을 만들고 싶구나. - 어떤 방법으로 우주를 표현할 수 있을까요? - 색종이를 잘라 붙이고 물감을 칠하는 방법도 있구나. - 병뚜껑에 물감을 묻혀서 찍는 방법도 있겠구나. - 검은 색종이 위에 우주를 표현할 때 조심해야 할 점에는 어떤 점이 있을까요?	- 문제 해결을 위한 정보 수집하기 - 다양한 해결책 찾아내기 - 논리적 근거 찾기 - 아이디어를 정교하게 다듬어 발전시키기

- 어두운색은 검은색 종이 위에서 잘 보이지 않기 때문에 쓰지 않도록 해요. - 물감이 옷에 묻지 않도록 조심해야겠구나. - 다양한 행성을 표현할 수 있는 다른 방법이 있을까요? - 스티커를 붙일 수도 있겠구나. - 우리가 알아본 방법으로 다 같이 우주를 만들어 보자. - 색종이는 어떤 색이 필요한가요? - 어디에서 우주를 만들어 보는 것이 좋을까요? - 왜 그 장소가 좋다고 생각했나요? - 여러 가지 별들과 행성들을 잘 표현할 수 있도록 우주 사진을 관찰하며 만들어 보아요.	
• 선택한 장소에서 다양한 재료로 우주 만들기 활동을 한다.	
• 완성된 작품을 소개하며 이야기를 나눈다. - 우리 반 친구들이 다 같이 꾸민 우주를 보니 어떤 느낌이 드나요? - ○○이는 어떤 우주의 모습을 보고 이렇게 만들었나요? - 어떤 방법으로 만들었나요? - 왜 이런 방법으로 만들있나요? - ○○이는 어떤 행성을 보고 우주를 만들었나요? - 어떤 재료를 사용해서 만들었나요? - 천문대에서 보았던 우주와 우리 친구들이 만든 우주가 같은 모습일까요? - 다른 점은 어떤 것이 있을까요? - 이 작품의 제목을 무엇으로 하면 좋을까요? - 왜 그 제목이 어울린다고 생각했나요? - 우리 교실 어디에 이 우주를 전시하면 좋을까요?	- 논리적 근거를 바탕으로 추론하기 - 분명하고 설득력 있게 표현하기

활동의 유의점	• 다양한 재료를 가지고 표현할 수 있도록 안내한다. • 다양한 미술도구와 재료를 안전하게 사용할 수 있도록 지도한다.
확장활동	• 자신의 신체를 이용해 행성을 창의적으로 표현해 보기

4) 동시

활동명	맛있는 겨울	생활주제	겨울
활동유형	동시	활동연령	만 5세
활동목표	• 동시를 감상한 후 느낌과 생각을 이야기로 표현한다. • 동시 감상하기를 즐긴다. • 동시 활동을 하면서 추론적, 논리적 사고를 함양할 수 있다.		
활동자료	'맛있는 겨울' 동시판, '맛있는 겨울' 동시 개작판, 겨울철 음식 사진 **맛있는 겨울 (이효진)** 새까맣게 탄 군고구마 샛노란 속살 보면 이렇게 군침 도는 걸 앗 뜨거워 군밤은 저절로 껍질 벗겨진 알밤 보면 이렇게 입맛 다시는 걸 추워서 뜨거워서 빨개진 손 호호 불어도 나는야 겨울이 제일 좋아요		
사전활동	• 겨울바람 (동요) 겨울바람 동요를 감상하고 불러 보며, 느낌을 이야기 나눈다.		

활동내용	논리·창의 관련 요소
• 겨울철 음식 사진의 일부만 보여 주며 이야기를 나눈다. - (사진의 일부를 보여 주며) 여러분, 선생님이 보여 주는 사진이 어떤 사진일 것 같나요? - 고구마라고 생각했구나. 왜 그렇게 생각했나요? - 노란색이 보여서 고구마라고 생각했구나. 다른 생각을 가진 친구가 있나요? **• 사진에 붙은 종이를 떼어 가며 어떤 음식인지 이야기를 나눈다.** - 누가 나와서 한 장을 더 떼어 볼까요? - (사진에 붙은 종이를 한 장 더 떼고) 어떤 사진일 것 같나요? - (종이를 다 떼고) 어떤 사진인가요? 맞아요. 이 사진은 군고구마예요.	- 주어진 정보를 기초로 상상하기 - 생각의 근거 제시하기 - 원인과 결과 관계 분석하기

• **음식을 먹어 본 경험에 대해 이야기를 나눈다.** - 군고구마를 먹어 본 적이 있나요? - 어디에서 먹어 보았나요? - 군고구마를 먹었을 때 어떤 느낌이었나요? - 뜨거웠구나. 언제 이 음식을 자주 먹을 수 있을까요? - 겨울에 자주 먹을 수 있다고 생각했구나. 왜 그렇게 생각했나요? - ○○의 말처럼 겨울에는 날씨가 추워서 군고구마를 자주 먹을 수 있겠네요. 겨울에 자주 먹을 수 있는 음식이 또 있을까요? - (군밤 사진을 보여 주며) 이 음식도 먹어 본 적이 있나요? - 군밤을 먹었을 때 어떤 느낌이었나요? - 군고구마처럼 뜨거웠구나.	- 유사한 상황에서의 경험을 비교하기 - 논리적 근거 찾기, 논리를 근거로 추론하기
• **동시에 있는 그림만 보고 동시의 내용을 유추해 본다.** - 동시에 어떤 그림이 그려져 있나요? - 군고구마와 군밤이 있네요. 그림만 보았을 때 동시는 어떤 내용일 것 같나요? - 군고구마와 군밤을 먹는 내용일 것 같다고 생각했구나. 또 다른 생각을 한 친구가 있나요? • **유아들과 함께 동시를 소리 내어 읽는다.** - 동시가 무슨 내용일지 선생님과 같이 읽어 볼까요? • **유추했던 내용과 실제 내용을 비교하며 읽는다.** - 여러분이 생각했던 동시의 내용과 실제 내용을 비교하며 읽어 볼까요? - 동시에서는 '새까맣게 탄 군고구마의 샛노란 속살을 보면 군침이 도는 걸'이라고 했는데, 여러분은 군고구마를 보고 어떤 느낌이 들었나요? - 새까맣게 탄 고구마의 샛노란 속살을 보니 맛있어 보인다고 생각했구나. 또 다른 생각을 가진 친구가 있나요? - 동시에서는 '저절로 껍질 벗겨진 알밤을 보면 이렇게 입맛 다시는 걸'이라고 했는데. 여러분은 알밤을 보고 어떤 느낌이 들었나요? - 군밤이 동그랗고 엄청 뜨거워 보인다고 느꼈구나. 선생님이 보기에도 정말 뜨거워 보이네요. 또 다른 생각을 가진 친구가 있나요?	- 주어진 정보를 기초로 상상하기 - 다양한 시각으로 상황과 문제 조망하기 - 가능한 많은 양의 아이디어 산출하기
• **동시를 감상한 후 느낀 점을 이야기 나눈다.** - 동시를 들으니 어떤 느낌이 드나요? - 겨울이 온 것 같다고 생각했구나. '샛노란 속살 보면'이라는 부분에서 어떤 생각이 드나요? - 따뜻해 보이는구나. 그럼, '저절로 껍질 벗겨진 알밤 보면'에서는 어떤 느낌이 들었나요? - 알밤이 더워서 옷을 벗었다고 생각했구나. 동시에서 왜 겨울이 좋다고 하였나요?	- 다양한 표현하기 - 가능한 많은 양의 아이디어 산출하기

– 겨울에 군고구마와 군밤을 먹을 수 있어서 겨울이 좋다고 생각했구나. '맛있는 겨울'이라는 제목은 왜 붙여졌을까요? – ○○이는 겨울에는 맛있는 음식들이 많아서 맛있는 겨울이라고 제목이 붙여진 것 같다고 생각했대요. 동시에서 나온 겨울철 음식을 들으니 어떤 느낌이 들었나요? – 겨울이 온 것 같다고 생각했구나. 그럼 '군고구마'를 들었을 때 어떤 느낌이 들었나요? – ○○이는 먹고 싶다고 생각했대요. '알밤'을 들었을 땐 어떤 생각이 났나요?	
• **다양한 방법으로 동시를 읊어 본다.** – 동시를 선생님과 번갈아 가며 읊어 볼 수 있겠나요? – 동시를 읊을 때 어떤 목소리로 하면 좋을까요? – 친구와 모둠을 나누어 읊어 보면 어떨까요? – 음식을 먹는 모습을 신체로 표현하며 읊어 보면 어떨까요? – 처음부터 끝까지 동시를 읊어볼까요?	– 희귀하고 참신한 아이디어 산출하기
• **동시에서 겨울철 음식을 바꾸어 재구성해 본다.** – 동시에서 어떤 겨울철 음식이 나왔나요? – 또 다른 겨울철 음식이 있을까요? – '새까맣게 탄 군고구마'에서 군고구마 대신 무엇이 들어갈 수 있을까요? – '샛노란 속살' 대신 어떤 속살이 들어가면 좋을까요? – '앗 뜨거 군밤은'에서 군밤 대신 무엇이 들어가면 좋을까요? – '저절로 껍질 벗겨진 알밤'을 어떻게 바꿀 수 있을까요?	– 생각한 아이디어를 발전시키기 – 기존의 사고에서 탈피하여 희귀하고 참신한 아이디어나 해결책 산출하기
• **'맛있는 겨울' 동시 활동을 평가한다.** – '맛있는 겨울' 동시를 감상하고 읊어 보니 어땠나요? – 어떤 점이 즐거웠나요? – 친구들의 이야기 중에서 기억에 남는 점이 있나요? – 아쉽거나 힘들었던 점이 있었나요? – 다음에 다시 동시 내용을 바꾸어 본다면 어떤 음식으로 바꾸어 보고 싶나요?	– 적용하고 평가하기 – 다양한 표현하기

활동의 유의점	• 동시를 읊을 때 맛있는 느낌을 창의적으로 표현할 수 있도록 지도한다. • 유아들이 자신의 경험을 바탕으로 겨울에 먹을 수 있는 음식에 대해 가능한 많은 양의 아이디어를 산출해 낼 수 있도록 열린 질문을 사용한다. • 유아들이 근거를 바탕으로 자신의 생각을 이야기할 수 있도록 지도한다.
확장활동	• 역할영역과 연계하여 겨울철 음식을 파는 가게 놀이를 할 수 있다. • 언어영역과 연계하여 겨울철 음식을 소개하는 책을 만들 수 있다.

5) 수학

활동명	송편을 모아요	생활주제	우리나라
활동유형	대 · 소집단	활동연령	만 4세
활동목표	• 자신의 생각을 논리적으로 말하고, 다른 사람의 의견을 잘 듣는다. • 소근육을 조절하여 주사위를 굴려 수량을 더하고 빼며 수의 기초개념을 형성한다. • 수학활동을 통해 문제 해결력을 기를 수 있다.		
활동자료	활동판, 송편, 바구니, 주사위 2개, 동화 - 꼬야의 송편 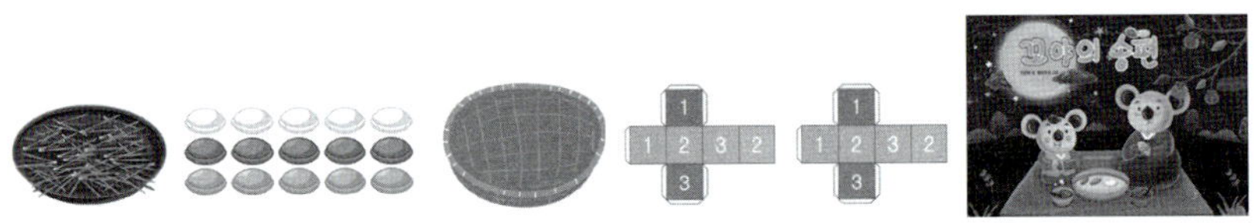 출처: 진민정 글 • 젤리피쉬 그림. 꼬야의 송편.		

활동방법	논리 · 창의 관련 요소
• '송편' 동요를 부르며 주의 집중한다. - 지난 시간에 배운 송편 노래 함께 불러 볼까요? 쌀 쌀 쌀을 곱게 빻아서 말랑말랑 쫄깃쫄깃 반죽해 동글 동글동글 굴리다 콩 쏙쏙 깨 쏙쏙 넣었지 내가 만든 송편 맛있어 모양은 우글쭈글 미워도 햇솔 잎에 푹푹 쪄내면 콩 송편 깨 송편 모두 맛있어	
• 추석에 관련하여 연상되는 단어를 말한다. - 노래를 모두 잘 기억하고 있네요. ○○반은 추석이 어떤 날인지 알고 있나요? - 알고 있는 친구도 있고 모르는 친구도 있는데 혹시 추석 하면 어떤 것들이 생각나나요? - 왜 이 단어가 생각났나요? (교사는 아이들이 말한 추석에 관련된 많은 단어와 이유를 화이트보드에 적는다.) - 추석에는 어떤 옷을 입을까요? - 추석에 할 수 있는 놀이는 무엇이 있을까요? - 추석은 일 년 동안 열심히 일해서 수확한 곡식과 열매를 가족, 이웃과 함께 나누어 먹으며 조상님께 감사하는 마음을 전하는 날이에요. - 그럼 추석에는 어떤 음식을 먹을까요? - 그 음식을 먹어 본 적이 있나요?	- 다양한 관점 생각하기 - 가능한 많은 양의 아이디어 산출하기

<table>
<tr><td>

• **추석 음식 '송편'에 대한 경험을 이야기 나눈다.**
– 송편 먹어 본 적이 있구나. 그럼 만들어 보았나요?
– 송편을 어떻게 만들었나요?
– 송편은 어떤 색이었나요?
– 송편의 모양이 어땠나요?
– 송편 안에 무엇이 들어 있었나요?
– 송편 맛은 어땠나요?

</td><td>

– 다양한 관점 생각하기
– 가능한 많은 양의 아이디어 산출하기

</td></tr>
<tr><td>

• **꼬야의 송편 이야기를 듣는다.**
– 코알라 친구 꼬야도 추석을 맞아 송편을 만들었대요. 동화를 들어 볼까요?
– 동화를 들을 땐 (유아와 함께) 눈은 (반짝) 귀는 (쫑긋) 입은 (쉿) 하는 거 잊지 않았죠? 지금부터 동화를 들려줄게요.
(동화)
둥근 보름달이 가장 빛나는 추석에 꼬야는 할머니와 조물조물 송편을 만들어요. 꼬야와 할머니는 다 만든 송편을 먹는데 나무 사이에서 호랑이가 나타났어요.
(호랑이: ♥ 꼬야: ★ 게임 대장 뽀기: ◆)
♥: 어흥. 송편 주면 안 잡아먹지. 얼른 송편을 내놔.
★: 안 돼! 할머니와 힘들게 만든 송편을 그냥 줄 수 없어.
그 대신 나와 게임을 해서 맞히면 송편을 줄게.
♥: 알겠어. 게임만 맞히면 송편을 가져갈 수 있다는 거지.
★: 그럼 문제를 낼게. 주사위 두 개를 던져서 나온 수들을 더하기 한 다음 송편을 바구니에 넣어. 틀리면 송편은 가져갈 수 없어.
♥: (주사위 두 개를 던지며) 어! 2랑 3이 나왔네. 송편을 몇 개 가져가야 하지?
★: 2 더하기 3하고 나온 숫자를 가져가면 돼.
답을 모른다면 송편을 가져갈 수 없어.

호랑이는 정답을 맞히지 못해 송편을 가져가지 못했어요.
이때, 꼬야네 집에 게임 대장 뽀기가 왔어요.
◆: 오늘의 게임은 무엇입니까?
★: 오늘은 주사위 두 개를 던져서 나온 숫자를 더하기 한 다음 송편을 가져가는 게임입니다.
◆: 정말 쉽군. 머릿속으로 잘 생각해도 되고 손가락으로 계산해도 되잖아.
(주사위를 던지며) 3하고 1이네. 그럼 3개에다가 1개 더하면 몇 개를 가져갈 수 있지? ○○반 나 좀 도와줘.

</td><td>

– 다양한 문제에 관심과 호기심 갖기
– 기존의 사고에서 탈피하여 희귀하고 참신한 아이디어로 해결책 찾아내기

</td></tr>
</table>

<table>
<tr><td>

• **동화 내용을 회상하며 뽀기가 해결해야 할 과제가 무엇인지 생각해 본다.**
- 꼬야가 호랑이에게 어떤 문제를 내었나요?
- 호랑이는 주사위를 던졌을 때 2와 3이 나왔어요. 그러면 몇 개의 송편을 가져갈 수 있었나요?
- 뽀기는 어떻게 계산한다고 했었나요?
- 뽀기가 주사위를 던졌을 때 어떤 숫자가 나왔었나요?
- 뽀기는 3하고 1이 나왔어요. 몇 개의 송편을 가져갈 수 있었나요?

• **동화 속 호랑이와 뽀기의 송편의 개수를 세어서 활동판에 붙인다.**
- 우리가 호랑이와 뽀기 대신 송편을 바구니에 넣어 볼까요?

</td><td>- 이야기의 내용을 회상하면서 주어진 문제가 무엇인지 파악하기</td></tr>
<tr><td>

• **교사와 유아가 함께 게임의 방법을 정한다.**
- 우리도 호랑이와 뽀기처럼 송편 가져가기 게임을 하려고 해요. 주사위를 가지고 어떻게 게임을 할 수 있을까요?
- 우리 같이 게임 방법을 정해 볼까요?
(교사는 유아가 제시한 방법들을 화이트보드에 바로 적는다.)

게임 방법
- 2명이 게임을 한다.
- 주사위 두 개를 던진 후 나온 수를 더한다.
- 나온 숫자만큼 송편을 바구니에 붙인다.
- 정답을 맞히지 못하면 송편을 가져올 수 없다.
- 솔잎 위에 송편이 모두 없어지면 게임이 끝난다.
- 서로 가진 송편의 개수를 센다. 많은 사람이 이긴다.

- 우리가 정한 게임 방법을 함께 말해 볼까요?

</td><td>- 다양한 시각으로 상황과 문제 조망하기</td></tr>
<tr><td>

• **게임 시 지켜야 할 약속을 정한다.**
- 게임을 할 때 어떤 약속을 지켜야 할까요?
- ○○반이 말한 것처럼 주사위를 세게 던지지 않아요.
- 친구의 송편을 뺏지 않고 사이좋게 놀이해요.

</td><td>- 어떠한 상황의 옳고 그름을 가려내기</td></tr>
<tr><td>

• **게임을 진행한다.**
- 선생님이 송편, 바구니, 주사위를 나누어 줄 테니 친구와 자유롭게 놀이해 보아요. 어려운 친구는 선생님을 불러 주세요.
(놀이 중심 교육을 반영하여 교사 개입을 최소화하고 유아들에게 충분한 놀이시간을 제공하고 스스로 할 수 있게 도와준다.)
- (도움을 요청한 유아에게) 몇 개의 송편을 가져와야 하는지 헷갈리는구나.

</td><td>- 끝까지 포기하지 않고 문제를 해결하기
- 실행 후 발견된 문제를 해결할 수 있는 방법 생각하기</td></tr>
</table>

1번 주사위는 3, 2번 주사위는 2가 나왔네. 먼저 송편 3개를 가져온 다음 2개의 송편을 또 가져오면 몇 개의 송편이 되었나요? - 맞아요. 총 5개의 송편을 가져올 수 있는 거예요. 이번엔 ○○이 혼자 해 볼 수 있나요?	
• **오늘의 활동을 회상하며 평가한다.** - 오늘 어떤 놀이를 했었나요? - 제일 재미있었던 것은 무엇인가요? - 어렵거나 아쉬웠던 점이 있었나요? - 게임을 할 때 주사위에 어떤 숫자가 쓰여 있었나요? - 다음번엔 주사위에 어떤 숫자까지 쓰여 있으면 좋을까요? - 다음번엔 더하기 말고 어떤 걸 해 볼까요? - 큰 수에서 작은 수 빼기를 해서 송편을 가져가 보도록 할까요? - ○○반이라면 호랑이가 송편을 가져가려고 할 때 어떤 게임을 했을 것 같나요? - ○○반 오늘 모두 잘했어요. ○○반이 말한 것들을 추가해서 수조작 영역에 놓아 줄 테니 자유놀이시간에 자유롭게 놀이해 보도록 해요. 이제 점심 먹을 시간이니 맨 앞줄 오른쪽에 앉은 민선이부터 화장실 다녀오고 손 씻도록 해요.	- 이전 경험 재생하기 - 적용하고 평가하기

활동의 유의점	• 유아들이 문제를 단계적으로 해결할 수 있도록 상호작용한다. • 문제 해결 방법이나 게임의 방법은 유아들이 다양한 방법으로 생각할 수 있는 기회를 제공한다. • 유아들이 논리적이지 않은 대답을 하거나 틀린 대답을 하였을 때 왜 그렇게 생각했는지 그 이유를 말해 보도록 하고, 엉뚱한 문제 해결 방법일지라도 다양한 문제 해결 방법을 격려해 준다.
확장활동	• '송편 만들기' 요리 활동을 한다. • 추석놀이에 대해 알아보고 강강술래를 한다.

2. 스캠퍼 기법을 적용한 활동

〈표 32〉 SCAMPER 기법 활용한 '동화' 실제

활동명	내가 만든 동화
목표	'커다란 순무' 동화 내용을 변경한 후, 나와 친구의 동화를 결합하여 새로운 동화로 구성해 본다.
SCAMPER 요소	C(Combine) 결합하기, M(Modify, Magnify) 수정, 확대하기, R(Rearrange) 재배열하기
준비물	SCAMPER 이야기 나누기 종이, 필기구
도입	'커다란 순무' 동화 듣기
전개	1. SCAMPER 기법을 활용한 발문으로 동화 내용 바꾸기 - 동화에는 어떤 채소가 등장하니? - 커다란 순무를 뽑기 위해 등장인물들은 어떻게 했니? - 동화에 나온 순무처럼 밤이 커진다면 어떻게 될까? - 동화에 나온 순무를 밤으로 바꿔 보면 어떨까? 2. 커다란 밤이 나오는 동화를 만들고 제목 정하기 - 커다란 순무 동화를 커다란 밤 동화로 바꿔 보자. - 새로운 제목을 지어 준다면 어떤 제목이 좋을까? 3. 동화를 다 만든 후 친구들에게 소개하기 4. 나와 친구의 동화를 결합하여 4컷 동화 만들기 - 우리가 만든 동화를 연결하여 4컷 동화 만들기 - 누가 동화의 배열을 놓아 볼 수 있을까? - 내용을 들려줄 수 있겠니?
마무리	유아들이 만든 동화를 코팅 후 언어영역에 제공해 주기로 약속하고 활동 방법 알려주기

확장활동	• 동화의 마지막 장면에 등장하는 밤으로 만들 수 있는 요리에 대해 이야기 나누기 • 요리 재료 정해서 점심 메뉴로 만들어 먹기

출처: 정혜윤(2014). SCAMPER 기법을 활용한 교사 발문이 유아의 창의성 향상에 미치는 영향. p.49.

대학생들이 총 4개조를 편성하여 〈표 32〉의 2, 4번 내용에 대해 각각 조별로 동화를 만들고 그 내용을 토대로 재배열하여 다시 새로운 한편의 동화를 완성해 보았다. 마지막으로 완성한 동화의 제목을 정했다. 순서대로 제시하면 아래와 같다.

첫 순서로 '커다란 무'를 '커다란 밤'으로 수정하여 총 4개의 조가 각각의 동화를 아래와 같이 만들어 보았다.

1조	쿵! 하는 소리가 들려왔습니다. 그건 바로 생쥐네 마을에 거인 나라의 커다란 밤송이가 떨어진 소리였습니다. 커다란 밤송이는 또르르르 굴러서 생쥐 앞에서 멈췄습니다. "와! 엄청 큰 밤이다! 이거 내 친구 곰돌이 배보다 더 큰걸? 가져가서 먹어야겠다!" 생쥐는 커다란 밤송이를 밀기 시작했습니다. 하지만 커다란 밤송이는 한 발짝도 움직이지 않았습니다. "휴, 힘들어! 너무 무거워서 움직이지 않잖아? 거기 누구 없어? 나 좀 도와줘!" 생쥐의 도움을 들은 청설모가 다가왔습니다. "와! 엄청 큰 밤이잖아? 내가 도와줄게!" 청설모와 다람쥐는 커다란 밤송이를 밀기 시작했습니다. 하지만, 커다란 밤송이는 아직도 움직이지 않았습니다. "우리 둘이 힘을 합쳐도 움직이지 않아! 누가 우리 좀 도와줘!" 생쥐의 목소리를 들은 고양이와 강아지가 다가왔습니다. "우와, 커다란 밤이잖아?" "우리도 도와줄게! 같이 밀자!" 고양이와 강아지가 생쥐와 청설모를 도와 커다란 밤송이를 같이 밀기 시작했습니다. 이번에는 커다란 밤송이가 살짝 흔들리기는 했지만, 여전히 움직이지 않았습니다. "밤송이가 엄청 무거운가 봐! 우리 조금만 더 힘내 보자." 지나가는 사슴이 동물 친구들을 보고 멈췄습니다. "얘들아, 뭐 하는 중이야?" "커다란 밤을 움직이려고 힘을 합치고 있어. 우리 좀 도와줄래?" 사슴도 힘을 합쳐 커다란 밤송이를 밀었습니다. 하지만 커다란 밤을 움직이기에는 힘이 부족했습니다.

	“조금만 더 하면 움직일 것 같아! 영차영차!” 동물 친구들의 영차영차 소리에 잠을 자던 곰이 일어났습니다. “이게 무슨 소리지?” 곰은 동물 친구들에게 다가가 물었습니다. “너네 뭐 하고 있니?” “커다란 밤을 옮기려고 힘을 합치고 있어. 너도 도와주겠니?” 곰도 힘을 합쳐 커다란 밤송이를 밀었습니다. 그때 커다란 밤송이가 조금씩 움직이더니 또르르 굴러가기 시작했습니다. “어? 커다란 밤이 굴러간다! 따라가자!” 커다란 밤송이는 커다란 돌에 부딪혀 와그작! 여러 조각으로 나누어졌습니다. “와! 이러면 들고 가기 쉽겠다. 서로 나눠 가져가자!” 동물 친구들은 서로 사이좋게 조각난 밤송이를 가지고 집으로 돌아갔답니다.
2조	언덕에서 커다란 밤나무가 자라났습니다. 동물 친구들이 언덕에 두고 갔던 밤이 자라 어느덧 커다란 밤나무가 되어 있던 것입니다. 커다란 밤나무에는 커다란 밤송이가 여러 개 주렁주렁 열려 있었습니다. 어느 날, 밤나무에서 가장 큰 밤송이 한 개가 쿵! 하고 떨어졌습니다. 밤송이는 언덕 아래로 굴러가기 시작했습니다. 커다란 밤은 언덕을 구르고, 구르고, 구르면서 점점 더 커졌습니다. 커다란 밤송이는 어느새 진희가 사는 마을에 다다랐습니다. 진희가 사는 마을로 굴러간 커다란 밤송이는 진희네 집 앞에서 멈췄습니다. 할머니네 집에 가려고 나온 진희는 커다란 밤송이를 보고 생각했습니다. ‘우와! 커다란 밤이다! 할머니 가져다드리면 좋아하겠지? 아마 밤 파이를 만들어 주실 거야!’ 진희는 손을 뻗어 밤송이를 까려고 했어요. 그러다 그만 밤송이 가시에 찔리고 말았습니다. “아야! 어떻게 해야 밤송이를 깔 수 있을까? 가시가 너무 따가워!” 진희는 골똘히 생각하다가, 마을 사람들을 불러 모았습니다. 마을 사람들은 커다란 밤송이를 보고 함께 의논하기 시작했습니다. “밤송이를 어떻게 열 수 있을까?” “가시가 너무 따가워서 다가갈 수가 없어!” “어떻게 하면 가시에 찔리지 않을까?” “아! 저한테 좋은 생각이 있어요!” 목장 아가씨가 손뼉을 짝! 하고 치더니 좋은 생각이 난 듯 말했습니다. 아가씨는 집에서 손톱깎이와 가위 여러 개를 가지고 마을 사람들에게 건넸습니다. “우리, 손톱깎이와 가위로 밤송이 가시를 자르면 되지 않을까요?” 마을 사람들은 아가씨가 가져온 손톱깎이와 가위를 하나둘씩 받아들고 다 함께 밤송이의 가시를 잘라내기 시작했습니다. 진희와 마을 사람들이 밤송이의 가시를 다 잘라내자, 진희가 외쳤습니다.

	"우리 이제 밤송이를 까 봐요!" "우리 집에 톱이 있어요! 제가 톱을 가져올게요!" 목수 아저씨는 톱을 가져오더니, 톱으로 밤송이를 가르기 시작했습니다. 마을 사람들은 밤송이가 굴러가지 않도록 다 같이 밤송이를 꼭 붙잡고 있었습니다. 마침내, 밤송이가 쩌저적 갈라지자, 그 안에 있던 밤들이 밤송이 밖으로 굴러 나왔습니다. 마을 사람들은 밤을 하나둘 가지고 집으로 돌아갔습니다. 진희도 밤을 한가득 안고 할머니 집으로 향했습니다. 할머니 집으로 가던 도중에 진희는 언덕에 있는 커다란 밤나무를 발견했습니다. "어? 마을 사람들에게 말해 줘야겠다! 밤나무를 여기저기 심으면 우리 마을에 커다란 밤나무가 많이 생겨날 거야!" 진희는 다시 마을로 한걸음에 달려가서 마을 사람들에게 외쳤습니다. "마을 사람들! 언덕에 커다란 밤나무가 있어요! 언덕에 많은 밤을 심으면 우리 마을에 커다란 밤나무가 많이 생겨날 거예요!" "그럼 커다란 밤나무를 많이 심어서 다른 마을에도 나눠 줍시다!" "우리 마을에도 보물이 생겼네요! 커다란 밤나무라니, 매일 맛있는 밤을 먹을 수 있겠어요!" 마을 사람들은 진희의 말에 다 같이 언덕으로 향했습니다. 마을 사람들은 언덕에 커다란 밤을 하나둘씩 심기 시작했습니다. 마을 사람들은 이듬해에 자라날 커다란 밤나무를 생각하면서 행복해했습니다.
3조	하늘 위의 거인 나라에는 밤나무가 한 그루 있었습니다. 밤나무에는 다른 밤송이보다도 아주아주 커다란 밤송이가 대롱대롱 매달려 있었습니다. 어느 날, 밤송이가 점점 더 커지기 시작하더니 너무 무거운 나머지 쿵! 하고 동물마을에 떨어졌습니다. 동물 친구들과 놀러 가려고 나왔던 토끼는 깜짝 놀라 밤송이 가시에 찔리고 말았습니다. "아얏! 이게 뭐야! 엄청 큰 밤송이잖아?" 토끼는 커다란 밤송이를 끙끙 잡아당겼습니다. 그런데 밤송이가 열리기는커녕 꿈쩍도 하지 않았습니다. "동물 친구들아, 도와줘!" 토끼가 크게 외치자, 다른 동물 친구들이 밤송이 주변으로 삼삼오오 모여들었습니다. 동물 친구들은 밤송이를 열기 위해 잡아당겨도 보고 밀어보기도 했습니다. 그래도 밤송이는 여전히 꿈쩍도 하지 않았습니다. "우리 이러지 말고, 밧줄을 걸어서 열어 보자!" "그래! 고리를 만들어서 당기면 맛있는 밤을 먹을 수 있을 거야!" 동물 친구들은 밧줄로 고리를 만들어서 밤송이에 걸었습니다. 그리고 양쪽에서 밤송이를 힘껏 잡아당기기 시작했습니다. "영차! 영차!" "조금만 더 힘을 내자!" "하나, 둘, 셋!" 마침내 밤송이가 갈라지기 시작했습니다. 밤송이 안에는 커다란 밤이 가득 들어 있었

<table>
<tr><td></td><td>습니다.
"맛있겠다!"<br>"우리 다 같이 나눠 먹자!"</td></tr>
<tr><td>4조</td><td>이듬해에 마을의 언덕에는 커다란 밤나무가 여러 그루 자라났습니다. 커다란 밤나무에는 커다란 밤이 아주 많이 달려 있었습니다. 그중 커다란 바위만한 밤송이 하나가 뚝! 하고 떨어져 옆 마을 할머니, 할아버지 집으로 데굴데굴 굴러갔습니다. "쿵!" 하는 소리에 놀란 할머니와 할아버지가 집 밖으로 나와 보니 커다란 밤송이가 굴러와 있었습니다. 그 밤송이에는 뾰족뾰족한 가시가 있었고, 가시는 땅에 콕! 박혀 있었습니다. 할머니와 할아버지는 군침을 삼키며 말했습니다.
"이렇게 큰 밤으로 무엇을 해 먹을까요?"<br>"밤죽을 해 먹을까요?"
하지만, 밤에는 큰 가시들이 많아 맨손으로 밤을 까기엔 위험했습니다. 할머니, 할아버지는 가시에 찔리지 않고 밤을 어떻게 깔 수 있을지 생각했습니다.
"그럼 장갑을 끼고 까 봅시다!"
할머니, 할아버지는 장갑을 끼고 밤을 까려고 했습니다. 하지만, 밤이 너무 커서 둘만의 힘으로는 꿈쩍도 하지 않았습니다. 그때 지나가던 다람쥐 가족이 할머니, 할아버지가 낑낑대는 모습을 보고선 물었습니다.
"무슨 일 있으세요?"<br>"밤을 까서 맛있는 음식을 해 먹으려고 했는데 밤이 너무 커서 꿈쩍도 안 하지 뭐니."
"그럼 저희가 도와드릴게요!"
다람쥐 가족은 큰 앞니로 밤을 갉았지만 밤은 까지지 않았습니다. 할머니, 할아버지, 다람쥐 가족이 계속해서 밤을 까려고 하다 보니 어느새 깜깜한 밤이 되고 말았습니다.
밤이 되어 잠에서 깬 부엉이 부부가 그 모습을 발견했습니다. 부엉이 부부는 커다란 밤 옆으로 날아오더니 물었습니다.
"무슨 일 있으세요?"<br>"밤을 까서 맛있는 음식을 해 먹으려고 했는데 밤이 너무 커서 꿈쩍도 안 하지 뭐니."
"그럼 저희가 도와드릴게요!"
할아버지의 이야기를 들은 부엉이 부부는 밧줄을 가지고 왔습니다. 부엉이 부부는 벌려진 밤에 밧줄을 묶었습니다.
"우리 이제 다 같이 줄을 당겨 봐요!"
할아버지, 할머니, 다람쥐 가족, 부엉이 부부는 한쪽씩 밧줄을 잡고 다 함께 힘을 합쳐 영차영차, 밤을 벌려 보았습니다. 그러자 우지끈! 소리와 함께 커다란 밤이 까졌습니다.
"다 함께 힘을 합치니까 못 할 게 없네!"
할아버지는 호탕하게 웃었습니다. 할머니는 밤을 주워 들고 말했습니다.
"그럼 이제 맛있는 음식을 해 먹읍시다!"
할아버지, 할머니, 다람쥐 가족, 부엉이 부부는 모두 함께 집으로 가서 맛있는 밤죽을 만들어 먹었답니다.</td></tr>
</table>

두 번째 순서로 4개의 조에서 각각 만든 동화를 3조 → 1조 → 2조 → 4조로 재배열하여 동화를 재구성하였다. 마지막으로 완성된 동화에 **"큰 언덕에 있는 밤나무에서 커다란 밤이 떨어졌습니다"**로 제목을 만들고 감상하였다. 완성된 동화는 아래와 같다.

동화 제목: 큰 언덕에 있는 밤나무에서 커다란 밤이 떨어졌습니다.

하늘 위의 거인 나라에는 밤나무가 한 그루 있었습니다. 밤나무에는 다른 밤송이보다도 아주아주 커다란 밤송이가 대롱대롱 매달려 있었습니다. 어느 날, 밤송이가 점점 더 커지기 시작하더니 너무 무거운 나머지 쿵! 하고 동물마을에 떨어졌습니다. 동물 친구들과 놀러 가려고 나왔던 토끼는 깜짝 놀라 밤송이 가시에 찔리고 말았습니다.

"아얏! 이게 뭐야! 엄청 큰 밤송이잖아?"

토끼는 커다란 밤송이를 끙끙 잡아당겼습니다. 그런데 밤송이가 열리기는커녕 꿈쩍도 하지 않았습니다. "동물 친구들아, 도와줘!" 토끼가 크게 외치자, 다른 동물 친구들이 밤송이 주변으로 삼삼오오 모여들었습니다. 동물 친구들은 밤송이를 열기 위해 잡아당겨도 보고 밀어 보기도 했습니다. 그래도 밤송이는 여전히 꿈쩍도 하지 않았습니다. "우리 이러지 말고, 밧줄을 걸어서 열어 보자!" "그래! 고리를 만들어서 당기면 맛있는 밤을 먹을 수 있을 거야!"

동물 친구들은 밧줄로 고리를 만들어서 밤송이에 걸었습니다. 그리고 양쪽에서 밤송이를 힘껏 잡아당기기 시작했습니다. "영차! 영차!" "조금만 더 힘을 내자!" "하나, 둘, 셋!"

마침내 밤송이가 갈라지기 시작했습니다. 밤송이 안에는 커다란 밤이 가득 들어 있었습니다. "맛있겠다!" "우리 다 같이 나눠 먹자!"

동물 친구들은 밤을 꺼내서 함께 나누어 먹었습니다. 그때 쿵! 하는 소리가 또다시 들려왔습니다. 그건 바로 생쥐네 마을에 거인 나라의 커다란 밤송이가 떨어진 소리였습니다. 커다란 밤송이는 또르르르 굴러서 생쥐 앞에서 멈췄습니다. "와 ! 엄청 큰 밤이다! 이거 내 친구 곰돌이 배보다 더 큰걸? 가져가서 먹어야겠다!"

생쥐는 커다란 밤송이를 밀기 시작했습니다. 하지만 커다란 밤송이는 한 발짝도 움직이지 않았습니다. "휴, 힘들어! 너무 무거워서 움직이지 않잖아? 거기 누구 없어? 나 좀 도와줘!"

생쥐의 도움을 들은 청설모가 다가왔습니다. "와! 엄청 큰 밤이잖아? 내가 도와줄게!"

청설모와 다람쥐는 커다란 밤송이를 밀기 시작했습니다. 하지만, 커다란 밤송이는 아직도 움직이지 않았습니다.

"우리 둘이 힘을 합쳐도 움직이지 않아! 누가 우리 좀 도와줘!" 생쥐의 목소리를 들은 고양이와 강아지가 다가왔습니다. "우와, 커다란 밤이잖아?" "우리도 도와줄게! 같이 밀자!"

고양이와 강아지가 생쥐와 청설모를 도와 커다란 밤송이를 같이 밀기 시작했습니다. 이번에는 커다란 밤송이가 살짝 흔들리기는 했지만, 여전히 움직이지 않았습니다.

"밤송이가 엄청 무거운가 봐! 우리 조금만 더 힘내 보자."

지나가는 사슴이 동물 친구들을 보고 멈췄습니다.

"얘들아, 뭐 하는 중이야?"
"커다란 밤을 움직이려고 힘을 합치고 있어. 우리 좀 도와줄래?"
사슴도 힘을 합쳐 커다란 밤송이를 밀었습니다. 하지만 커다란 밤을 움직이기에는 힘이 부족했습니다.
"조금만 더 하면 움직일 것 같아! 영차영차!"
동물 친구들의 영차영차 소리에 잠을 자던 곰이 일어났습니다.
"이게 무슨 소리지?"
곰은 동물 친구들에게 다가가 물었습니다.
"너네 뭐 하고 있니?"
"커다란 밤을 옮기려고 힘을 합치고 있어. 너도 도와주겠니?"
곰도 힘을 합쳐 커다란 밤송이를 밀었습니다. 그때 커다란 밤송이가 조금씩 움직이더니 또르르 굴러가기 시작했습니다.
"어? 커다란 밤이 굴러간다! 따라가자!"
커다란 밤송이는 커다란 돌에 부딪혀 와그작! 여러 조각으로 나누어졌습니다.
"와! 이러면 들고 가기 쉽겠다. 서로 나눠 가져가자!"
동물 친구들은 서로 사이좋게 조각난 밤송이를 가지고 집으로 돌아갔답니다.

며칠이 지나고, 몇 주가 지나고 1년이 지났을 무렵 언덕에서 커다란 밤나무가 자라났습니다. 동물 친구들이 언덕에 두고 갔던 밤이 자라 어느덧 커다란 밤나무가 되어 있던 것입니다. 커다란 밤나무에는 커다란 밤송이가 여러 개 주렁주렁 열려 있었습니다. 어느 날, 밤나무에서 가장 큰 밤송이 한 개가 쿵! 하고 떨어졌습니다. 밤송이는 언덕 아래로 굴러가기 시작했습니다. 커다란 밤은 언덕을 구르고, 구르고, 구르면서 점점 더 커졌습니다. 커다란 밤송이는 어느새 진희가 사는 마을에 다다랐습니다.
진희가 사는 마을로 굴러간 커다란 밤송이는 진희네 집 앞에서 멈췄습니다. 할머니네 집에 가려고 나온 진희는 커다란 밤송이를 보고 생각했습니다.
'우와! 커다란 밤이다! 할머니 가져다드리면 좋아하겠지? 아마 밤 파이를 만들어 주실 거야!'
진희는 손을 뻗어 밤송이를 까려고 했어요. 그러다 그만 밤송이 가시에 찔리고 말았습니다.
"아야! 어떻게 해야 밤송이를 깔 수 있을까? 가시가 너무 따가워!"
진희는 골똘히 생각하다가, 마을 사람들을 불러 모았습니다. 마을 사람들은 커다란 밤송이를 보고 함께 의논하기 시작했습니다.
"밤송이를 어떻게 열 수 있을까?"
"가시가 너무 따가워서 다가갈 수가 없어!"
"어떻게 하면 가시에 찔리지 않을까?"
"아! 저한테 좋은 생각이 있어요!"
목장 아가씨가 손뼉을 짝! 하고 치더니 좋은 생각이 난 듯 말했습니다. 아가씨는 집에서 손톱깎이와 가위 여러 개를 가지고 마을 사람들에게 건넸습니다.
"우리, 손톱깎이와 가위로 밤송이 가시를 자르면 되지 않을까요?"

마을 사람들은 아가씨가 가져온 손톱깎이와 가위를 하나둘씩 받아들고 다 함께 밤송이의 가시를 잘라내기 시작했습니다. 진희와 마을 사람들이 밤송이의 가시를 다 잘라내자, 진희가 외쳤습니다.

"우리 이제 밤송이를 까 봐요!"

"우리 집에 톱이 있어요! 제가 톱을 가져올게요!"

목수 아저씨는 톱을 가져오더니, 톱으로 밤송이를 가르기 시작했습니다. 마을 사람들은 밤송이가 굴러가지 않도록 다 같이 밤송이를 꼭 붙잡고 있었습니다. 마침내, 밤송이가 쩌저적 갈라지자, 그 안에 있던 밤들이 밤송이 밖으로 굴러 나왔습니다. 마을 사람들은 밤을 하나둘 가지고 집으로 돌아갔습니다. 진희도 밤을 한가득 안고 할머니 집으로 향했습니다. 할머니 집으로 가던 도중에 진희는 언덕에 있는 커다란 밤나무를 발견했습니다.

"어? 마을 사람들에게 말해 줘야겠다! 밤나무를 여기저기 심으면 우리 마을에 커다란 밤나무가 많이 생겨날 거야!"

진희는 다시 마을로 한걸음에 달려가서 마을 사람들에게 외쳤습니다.

"마을 사람들! 언덕에 커다란 밤나무가 있어요! 언덕에 많은 밤을 심으면 우리 마을에 커다란 밤나무가 많이 생겨날 거예요!"

"그럼 커다란 밤나무를 많이 심어서 다른 마을에도 나눠 줍시다!"

"우리 마을에도 보물이 생겼네요! 커다란 밤나무라니, 매일 맛있는 밤을 먹을 수 있겠어요!"

마을 사람들은 진희의 말에 다 같이 언덕으로 향했습니다. 마을 사람들은 언덕에 커다란 밤을 하나둘씩 심기 시작했습니다. 마을 사람들은 이듬해에 자라날 커다란 밤나무를 생각하면서 행복했습니다.

이듬해에 마을의 언덕에는 커다란 밤나무가 여러 그루 자라났습니다. 커다란 밤나무에는 커다란 밤이 아주 많이 달려 있었습니다. 그중 커다란 바위만 한 밤송이 하나가 똑! 하고 떨어져 옆 마을 할머니, 할아버지 집으로 데굴데굴 굴러갔습니다. "쿵!" 하는 소리에 놀란 할머니와 할아버지가 집 밖으로 나와 보니 커다란 밤송이가 굴러와 있었습니다. 그 밤송이에는 뾰족뾰족한 가시가 있었고, 가시는 땅에 콕! 박혀 있었습니다. 할머니와 할아버지는 군침을 삼키며 말했습니다.

"이렇게 큰 밤으로 무엇을 해 먹을까요?"

"밤죽을 해 먹을까요?"

하지만, 밤에는 큰 가시들이 많아 맨손으로 밤을 까기엔 위험했습니다. 할머니, 할아버지는 가시에 찔리지 않고 밤을 어떻게 깔 수 있을지 생각했습니다.

"그럼 장갑을 끼고 까 봅시다!"

할머니, 할아버지는 장갑을 끼고 밤을 까려고 했습니다. 하지만 밤이 너무 커서 둘만의 힘으로는 꿈쩍도 하지 않았습니다. 그때 지나가던 다람쥐 가족이 할머니, 할아버지가 낑낑대는 모습을 보고선 물었습니다.

"무슨 일 있으세요?"

"밤을 까서 맛있는 음식을 해 먹으려고 했는데 밤이 너무 커서 꿈쩍도 안 하지 뭐니."

"그럼 저희가 도와드릴게요!"

다람쥐 가족은 큰 앞니로 밤을 갉아 보았지만 밤은 까지지 않았습니다. 할머니, 할아버지, 다람쥐 가족이 계속해서 밤을 까려고 하다 보니 어느새 깜깜한 밤이 되고 말았습니다.

밤이 되어 잠에서 깬 부엉이 부부가 그 모습을 발견했습니다. 부엉이 부부는 커다란 밤 옆으로 날아오더니 물었습니다.

"무슨 일 있으세요?"

"밤을 까서 맛있는 음식을 해 먹으려고 했는데 밤이 너무 커서 꿈쩍도 안 하지 뭐니."

"그럼 저희가 도와드릴게요!"

할아버지의 이야기를 들은 부엉이 부부는 밧줄을 가지고 왔습니다. 부엉이 부부는 벌려진 밤에 밧줄을 묶었습니다.

"우리 이제 다 같이 줄을 당겨 봐요!"

할아버지, 할머니, 다람쥐 가족, 부엉이 부부는 한쪽씩 밧줄을 잡고 다 함께 힘을 합쳐 영차영차, 밤을 벌려 보았습니다. 그러자 우지끈! 소리와 함께 커다란 밤이 까졌습니다.

"다 함께 힘을 합치니까 못 할 게 없네!"

할아버지는 호탕하게 웃었습니다. 할머니는 밤을 주워 들고 말했습니다.

"그럼 이제 맛있는 음식을 해 먹읍시다!"

할아버지, 할머니, 다람쥐 가족, 부엉이 부부는 모두 함께 집으로 가서 맛있는 밤죽을 만들어 먹었답니다.

3. 토의·토론 방법을 적용한 활동

1) 토의 활동계획안

〈표 33〉 "아이들은 오지 마세요!" 토의 활동계획안

<table>
<tr><td colspan="2">활동명</td><td colspan="3">아이들은 오지 마세요!</td></tr>
<tr><td colspan="2">활동유형</td><td>토의</td><td>갈등 유형</td><td>유아의 인권 또는 주인 권리</td></tr>
<tr><td colspan="2">활동목표</td><td colspan="3">• 뉴스를 통해 함께 하는 사회에 관심을 가진다.
• 생각에 대한 이유를 표현할 수 있다.
• 서로 다른 관점이 있음을 알고, 상대방을 존중하는 태도를 기른다.</td></tr>
<tr><td colspan="2">활동뉴스 자료</td><td colspan="3">http://news.sbs.co.kr/news/endPage.do?news_id=N1004320287&plink=ORI&cooper=NAVER (노키즈존 관련 뉴스)</td></tr>
<tr><td colspan="2">교수학습단계</td><td colspan="3">활동내용</td></tr>
<tr><td rowspan="2">문제 인식 하기</td><td>뉴스 감상하기</td><td colspan="3">1. 노키즈존 표시를 보며 이야기를 나눈다.
- 이 표시는 무엇을 나타내는 것일까? 어떤 그림이 그려져 있니?
- 이런 표시를 실제로 본 적이 있니? 왜 어린이는 들어갈 수 없을까?
2. 노키즈존 뉴스를 소개하고, 뉴스의 내용을 탐색한다.
- 뉴스에 어떤 이야기가 나왔니? 노키즈존은 어떤 말이니?</td></tr>
<tr><td>문제 인식하기</td><td colspan="3">3. 뉴스 내용을 회상하며 뉴스 속 이슈를 탐색한다.
- 지난 시간에 봤던 뉴스에 어떤 이야기가 나왔었니?
- 식당 출입에 어떤 두 입장이 있었니?</td></tr>
<tr><td>토의 하기</td><td>다른 관점으로 생각하기</td><td colspan="3">1. 서로 다른 사람의 입장이 되어 갈등상황의 원인에 대해 이야기를 나눈다.
- 가게주인은 왜 노키즈존 표시를 하게 되었을까?
- 식당에 가려고 왔는데, 식당 앞에 이 표시를 본다면 어떤 기분일까?
- 식당 주인이라면 뛰어다니는 아이들을 보면 어떤 생각을 할까?</td></tr>
</table>

		- 식당의 다른 손님들이 뛰어다니는 아이들을 보면 어떤 생각을 할까? - 노키즈존 때문에 아무 식당이나 갈 수 없는 부모님의 마음은 어떠할까? - 왜 그렇게 생각했니? - 왜 이렇게 서로 다른 생각을 하게 되었을까?
	소집단 토의를 통해 해결안 모색하기	2. 해결방법에 대해 토의한다. - 노키즈존 표시 때문에 식당에 들어가지 못한 적이 있었니? - 어떻게 하면 식당 주인이 노키즈존 표시를 없앨 수 있을까? - 식당 예절을 알지만 지키기 어려웠던 적이 있었니? / 왜 그랬니? - 그럴 때는 어떤 도움을 요청하면 될까? - 또 다른 방법이 있을까? - 앞으로 만약 식당에 갔는데 노키즈존 표시가 있다면 너희들은 어떻게 하고 싶니?
	대집단 발표를 통해 최선의 해결안 찾기	1. 소집단 토의를 통해 모색한 해결안 발표를 통해 최선의 해결안을 찾는다. - 토의를 통해 어떠한 해결안을 찾았니? - ○○조에서 말한 방법을 실제로 했을 때 어떤 일이 일어날 것 같니? - 다른 조는 어떤 해결안을 찾았니? - □□조에서 말한 방법을 실제로 했을 때 어떤 일이 일어날 것 같니? - 너희들이 찾은 해결안 중 어떤 방법이 제일 좋을 것 같니?
제작하기	해결안을 뉴스로 제작하기	1. 해결안을 뉴스로 제작하는 방법에 대해 이야기를 나눈다. - 우리가 함께 찾은 해결방법을 어떤 종류의 뉴스로 만들고 싶니? - 식당 주인에게는 어떤 소식을 전해 주고 싶니? - 어떤 내용으로 기사를 작성할까? 2. '모두가 행복한 식당을 만들어요' 뉴스를 제작한다. - 신문으로 만들기 위해 무엇이 필요할까? - 사진을 넣고 싶니? 아니면 그림을 그리고 싶니? - 노키즈존 표시 말고 어떤 표시로 만들면 좋을까?
	감상 및 평가하기	1. 소집단으로 제작한 결과물을 감상하고 평가한다. - ○○조에서 만든 뉴스는 어떻게 만들었니? 왜 그렇게 만들었니? - ○○조에서 만든 뉴스는 어떤 것 같니? 2. 해결안을 알리는 방법에 대해 이야기를 나눈다. - 우리가 만든 뉴스를 다른 사람들이 볼 수 있도록 하려면 어떻게 해야 할까?

출처: 방효국(2020). 토의중심 유아 뉴스 리터러시 교육프로그램이 유아의 비판적, 사회성, 의사소통능력에 미치는 효과. pp.235-236.

2) 철학적 탐구공동체 토론 활동계획안

<table>
<tr><th>활동명</th><td colspan="2">“왜 상은 받아야 하나요?”</td></tr>
<tr><th>활동유형</th><td colspan="2">토의</td></tr>
<tr><th>활동목표</th><td colspan="2">• 주제와 관련된 자신의 느낌, 생각, 경험을 말하는 능력을 기른다.
• 서로 다른 관점이 있음을 알고, 상대방을 존중하는 태도를 기른다.</td></tr>
<tr><th>과정</th><th>토의 내용</th><th>준비물 및 유의점</th></tr>
<tr><th>도입</th><td>1. 지난주 철학활동 시간에 읽은 이야기의 내용과 선정된 질문에 대해 회상한다.
- 우리가 지난주에 읽었던 이야기의 내용이 기억나니?
- 우리는 이 이야기를 읽고 나서 어떤 질문을 했었지?
- 우리가 가장 궁금하다고 뽑은 질문은 무엇이었을까?</td><td rowspan="3">유아들이 말하는 상을 받는 경우에 대해 생각한다.</td></tr>
<tr><th>전개</th><td>2. “왜 상을 받아야 할까?”라는 질문에 대해 생각하기에 앞서 ‘상’과 관련된 유아의 개인적 경험을 회상하고 이야기를 나눈다.
- ‘상’을 받아 본 적이 있니?
- 언제, 어떤 ‘상’을 받았니?
- ‘상’을 받았을 때 기분은 어땠니?
3. ‘상’이라는 용어의 개념을 정의해 본다.
- ‘상’이란 무엇일까?
- ‘상’은 언제 받는 것일까?
4. ‘상’이 좋은 일, 잘한 일, 훌륭한 일을 했을 때 받는 것이라면 좋은 일, 잘한 일, 훌륭한 일은 어떤 일인지에 대해 이야기를 나눈다.
- ‘좋은 일’이란 어떤 일일까?
- ‘잘한 일’이란 어떤 일일까?
- ‘훌륭한 일’이란 어떤 일일까?
5. 교사가 이야기해 주는 여러 가지 상황을 듣고 이해하며, 상을 받아야 하는 상황을 고른다.
- 선생님이 영이, 훈이, 순이 이렇게 세 친구의 이야기를 들려줄게. 잘 듣고 이 친구들 중에서 꼭 상을 받아야 하는 사람은 누구인지 생각해 보자.
6. 상을 주는 이유는 무엇인지에 대해 생각해 본다.
- 사람들은 왜 상을 주는 것일까?</td></tr>
<tr><th>마무리</th><td>7. 탐구공동체 활동 시간 동안 각자의 태도와 행동에 대해 되돌아보고 평가한다.</td></tr>
</table>

출처: 정대련 외(2014). 유아들의 철학적 탐구공동체 활동. p.83.

4. 그림책을 활용한 활동

1) 이해 및 감상 활동계획안

(1) 등장인물과 관련한 활동

활동명	주인공에 대한 생각 말해 보기
활동목표	• 건이의 특징과 그가 처한 상황에 관심을 가지고 이해한다. • 건이의 말이나 행동에 대해 분석한 내용을 토대로 등장인물에 대해 간단한 토의를 할 수 있다.
준비물	『난 이대로가 좋아』 그림책
활동단계	활동과정
	• 그림책 표지 그림을 보면서 분석한 주인공의 특징을 말해 본다. - 그림 속 이 아이는 누구일까? - 아이의 모습을 자세히 보자. - 이 아이는 몇 살일까? - 왜 그렇게 생각했니? - 왜 아이의 머리에 까치가 있을까? - 왜 그렇게 생각했니? - 건이의 표정과 건이는 지금 무엇을 하고 있는 것 같니? • 그림책을 듣는다(읽는다). • 그림책의 그림만 보면서 들은 내용을 회상한다. - 그림책에는 누가 나왔니? - 건이는 어떤 아이라고 생각하니? 왜 그렇게 생각하니? - 건이의 엄마는 어떤 사람이라고 생각하니? 왜 그렇게 생각하니?

	- 철민이는 어떤 아이라고 생각하니? 왜 그렇게 생각하니? • 등장인물에 대해 생각해 본다. - 철민이에 대해 너희들은 어떤 생각을 가지고 있는지 친구들에게 말해 보자. - 건이는 머리를 자르기 싫어 했어. 왜 그랬지? - 계속해서 머리를 자르지 않는다면 어떻게 될까? - 건이가 미용실에 간 이유는 무엇일까? - 머리를 자르고 난 후 거울에 비친 건이는 어떤 마음이었을까? - 미용실에 가서 머리를 자른 건이의 마음은 자르기 전 마음과 어떻게 달라졌을까? • 관련 활동을 안내한다. - 그림책 속 등장인물에 대해 편지를 써 주자. - 건이에게 어떤 이야기를 해 주고 싶니? - 철민이에게 어떤 이야기를 해 주고 싶니?
활동의 유의점	유아들이 자신의 의견을 논리적으로 설명할 수 있도록 기다려 준다.
확장활동	• 등장인물에게 편지 쓰기 • 그림책 뒤표지 그려 보기

(2) 그림책 관련해 궁금한 점 질문하기

활동명	마술연필 궁금한 점 탐구하기
활동목표	• 그림책 내용을 듣고 궁금한 것을 질문하여 경험을 토대로 탐구할 수 있다. • 그림책의 내용을 예측해 보며 추론적 사고의 발달을 도모할 수 있다.
준비물	『마술 연필』 그림책
활동단계	활동과정
	• 그림책 표지를 탐색한다. **‣ 앞표지** – 그림책의 표지에 어떤 그림이 그려져 있니? – 배경이 어디인 것 같니? – 누가 주인공인 것 같니? – (곰 왼쪽에 있는 그림을 가리키며) 이 그림은 누구일까? – 표정이 어때 보이니? – (곰 오른쪽에 있는 그림을 가리키며) 이 그림은 누구일까? – 무엇을 하고 있는 것 같니? – 곰의 표정은 어떠하니? – 곰이 손에 들고 있는 것은 무엇일까? **‣ 뒤표지** – 표지를 활짝 펴면 뒷면이 나온단다. – 뒤표지에는 어떤 것이 있을까? – 어떤 그림이 있니? – 곰이 무엇을 하고 있는 것 같니? – 밑에 있는 곰은 어떤 표정을 하고 있니? – 뒷면에 글도 있네. 여기에 어떤 내용이 적혀 있을까? (내용을 읽어 준다.) **• 그림을 끝까지 보면서 이야기의 분위기를 예측해 본다.** – 이 그림책에는 어떤 일들이 일어날 것 같니? – 그림 속 배경은 어디일까? – 좋아하는 그림을 찾아볼까? – 왜 그 그림을 좋아하게 되었니? – 기억에 남는 그림을 말해 볼까? – 왜 그렇게 생각했니? **• 그림을 보며 이야기 해석의 단서가 될 만한 다양한 정보를 발견할 수 있도록 제안한다.** – 주인공이 누구일까?

	- 곰이 무엇을 들고 있니? - 마술 연필로 무엇을 할까? (곰이 다양한 친구들을 만나서 마술 연필로 무엇을 할지 이야기를 나눈다.) - 곰이 누굴 만났니? - 마술 연필로 무엇을 그릴까? - 왜 그렇게 생각하니? - 그래? 그럴까? 정말 그런지 함께 읽어 보자. **• 그림책을 읽어 준다.** - 누구의 이야기일까? - 꼬마 곰이 숲속을 걸을 때 무얼 들고 걸었니? - 마술 연필은 왜 사용하는 걸까? - 마술 연필을 어떻게 사용하는 걸까? - 꼬마 곰은 왜 수영복을 그려 입었을까? - 꼬마 곰이 꿀을 먹기 위해 마술 연필로 무엇을 했을까? - 새로 살 곳을 찾는 북극곰 가족을 만났을 때 꼬마 곰은 어떤 행동을 했을까? - 꼬마 곰이 '조금만 늦었으면 큰일 날 뻔했네.'라고 왜 말했을까? **• 이야기에 대한 감정을 표현해 본다.** - 꼬마 곰이 마술 연필을 사용할 때마다 어떤 기분을 느꼈을까? - 왜 그렇게 생각하게 되었니? - 꼬마 곰이 마술 연필이 없었다면 어땠을까? **• 그림책을 읽고 난 후 자신의 생각과 느낌을 자유롭게 표현해 본다.** - 오늘 그림책에서 다시 보고 싶은 장면이 어떤 장면이니? - 그림책을 읽고 생각나는 것을 말해 볼 수 있겠니? - 마술 연필을 가지게 된다면 어떤 일을 하고 싶니?
활동의 유의점	유아들이 자신의 의견을 논리적으로 설명할 수 있도록 기다려 준다.
확장활동	내가 마술 연필을 가지게 된다면?

2) 창작 활동계획안(이야기 짓기 활동)

(1) 패러디 그림책을 활용한 이야기 짓기 활동의 실제 (『흥부와 놀부』와 『흥부네 똥개』)

〈표 34〉 패러디 그림책 읽고 토의하기(대그룹)

<table>
<tr><th colspan="2">재구성 원리</th><td>서술시점의 변환(다른 시각에서 바라보기)</td></tr>
<tr><th colspan="2">활동목표</th><td>원작 그림책과 패러디 그림책을 읽고 다른 점을 찾아보고 달라진 내용에 대해 자신의 생각을 이야기해 본다.</td></tr>
<tr><th colspan="2">준비물</th><td>『흥부와 놀부』, 『흥부네 똥개』 그림책</td></tr>
<tr><th colspan="2">활동단계</th><th>활동과정</th></tr>
<tr><td rowspan="2">원작 및 패러디 그림책 읽어 주고 토의하기</td><td>도입</td><td>• 손유희로 주의를 집중시키고 그림책을 소개한다.
- 톱질하세 톱질하세 슬근슬근 톱질하세~~~
- 선생님이 준비한 그림책이 어떤 책인지 혹시 생각나는 친구 있니?
• 흥부와 놀부 그림책을 들려준다.
• 패러디 그림책을 소개한다.
- 이제 '흥부와 놀부' 주인공을 바꾸어서 새롭게 지은 '흥부네 똥개' 이야기를 들려줄 거야.
• 패러디 그림책을 보며 어떤 내용인지 예측해 본다.
- (표지와 그림을 보며) 이 강아지는 누구네 집 개일까?
제목 윗부분의 그림자는 누구의 그림자 같니? 무슨 행동을 하는 그림자 같니? 어떤 일이 일어날 것 같니?
• 패러디 그림책 '흥부네 똥개'를 들려준다.</td></tr>
<tr><td>전개</td><td>• 원작 그림책 '흥부와 놀부' 그림책에 대해 이야기를 나눈다.
- 그림책에 누가 등장했니?
- 주인공이 누구인 것 같니?
- 흥부네 집 박에서는 무엇이 나왔니? 왜 그렇게 된 것 같니?
- 놀부네 집 박에서는 무엇이 나왔니? 왜 그렇게 된 것 같니?
• 패러디 그림책 '흥부와 똥개' 이야기를 나눈다.
- 주인공이 누구였니?
- 흥부 가족에게 점박이는 어떤 존재일까?
- 그런데 흥부 가족이 점박이를 왜 잡으려고 했니?
- 훌쩍이는 왜 울었니?
- 점박이는 자신의 생명이 위험한 상황에서 어떻게 행동했니?</td></tr>
</table>

		- 점박이가 도망을 가다가 왜 집으로 다시 돌아왔니? - 마지막에 점박이는 어떻게 살아났지? - 왜 박에서 금은보화가 쏟아져 나오는 좋은 일이 생긴 걸까? • 원작 그림책과 패러디 그림책의 같은 점, 다른 점에 대해 이야기를 나눈다. - '흥부와 놀부', '흥부와 똥개' 이야기의 같은 점은 무엇이니? - 두 이야기의 다른 점은 무엇이니? • 작가가 왜 이렇게 내용을 바꾸었을지 생각하여 이야기해 본다. - 더 흥미 있었던 이야기는 무엇이었니? - 작가가 '흥부와 놀부' 이야기를 '흥부네 똥개' 이야기로 왜 바꾸었다고 생각하니? • 패러디 작가의 글에 대해 자신의 생각을 이야기해 본다. - 왜 더 흥미 있다는 생각이 들었니? - 그 이유는 무엇이니? - 만약 내가 작가라면 어떻게 바꿀 것 같니?
	마무리	• 내일은 우리가 '흥부와 놀부' 이야기를 새로운 이야기로 만들어 보도록 하자.

출처: 신명숙, 김호(2015). 패러디 그림책을 활용한 이야기 짓기 활동이 유아의 창의성과 비판적 사고력에 미치는 영향. p.364.

〈표 35〉 패러디 그림책 읽고 이야기 짓기(개별 및 소그룹)

재구성 원리		서술시점의 변환(다른 시각에서 바라보기)
활동목표		'흥부네 똥개' 패러디 그림책 재구성 원리인 서술시점의 변화를 적용하여 '흥부와 놀부' 이야기를 새롭게 지어 본다.
준비물		『흥부와 놀부』, 『흥부네 똥개』 그림책, 실물 화상기
활동단계		활동과정
서술시점의 변화를 적용하여 이야기 짓기	도입	• '흥부와 놀부', '흥부네 똥개' 이야기를 회상한다. – 두 그림책을 들려주었는데 이야기의 내용이 생각나니? – '흥부와 놀부' 이야기에서 흥미 있었던 점은 무엇이었니? – '흥부네 똥개'에서 주인공은 누구였지? – 주인공이 바뀌었을 때 이야기가 어떻게 달라졌니?
	전개	• 패러디 재구성 원리인 서술시점의 변화를 적용한 이야기 짓기 활동이 전개될 수 있도록 단서와 발문을 제공한다. • 주인공을 정하고 그 이유에 대해 이야기해 본다. – 똥개 점박이가 아니라 다른 주인공을 등장시켜 '흥부와 놀부' 이야기를 지어 본다면 어떨까? – '흥부와 놀부' 그림책 속의 등장인물을 생각해 보고 말해 보자. – 그중에 누구를 주인공으로 정할까? – 왜 ○○가 주인공이었으면 좋겠니? – 원래 등장인물은 아니지만 새로운 주인공을 정한다면 어떨까? • 주인공이 처한 상황을 설정해 본다. – 주인공을 정한 ○○는 다른 인물(흥부, 놀부 등)들하고는 어떤 관계라고 할까? – '흥부와 놀부' 이야기 속에서의 관계와 달라진 점이 있니? • 줄거리를 만들어 본다. – 주인공은 처음에 흥부를 어떻게 만났다고 할까? – 주인공과 흥부, 놀부 사이에 어떤 일이 일어났다고 할까? • 이야기가 전개될 수 있도록 교사는 여러 가지 전략을 사용한다. ① 유아들이 이야기를 계속 지어 나갈 수 있도록 동기부여를 해 준다. – 참 재미있는 생각이다. 또 어떤 이야기를 지어 볼까? – 그 이야기는 정말 새롭게 들리는구나. – 점점 흥미진진해지는구나. ② 유아들끼리 상호작용할 기회를 준다. – 유아들끼리의 상호작용을 지켜보며 다음 발문을 준비한다. ③ 유아들의 이야기를 글로 받아 적어 준다.

		• 재미있다고 생각한 것들을 연결하여 이야기를 만든다. - 누구의 이야기가 재미있었니? 흥미 있었니? - 그 다음은 어떻게 적을까? - 마지막에 이야기는 어떻게 끝난다고 할까? • 유아들이 지은 이야기를 들려주고 함께 평가해 본다. - 우리가 만든 이야기를 처음부터 끝까지 들려줄게. - 이야기를 모두 들었는데 어떤 것 같니? - 마음에 들었니? - 혹시 고치고 싶은 부분이 있었니? - 그 의견에 대해 다른 친구들은 어떻게 생각하니?
	마무리	• 반 친구들에게 이야기를 소개한 후 교실 벽면에 제시해 주거나 언어영역에 비치해 둔다.

출처: 신명숙, 김호(2015). 패러디 그림책을 활용한 이야기 짓기 활동이 유아의 창의성과 비판적 사고력에 미치는 영향. p.365.

(2) 글 없는 그림책을 활용한 이야기 짓기 활동의 실제(『서커스』)

〈표 36〉 글 없는 그림책 활용한 이야기 짓기 활동(4인 소그룹)

단계	활동	활동 전개 방법
1	표지 읽기	**• 이 책의 표지에 무슨 그림이 그려져 있니?** - 유아1: 말 - 유아2: 얼룩말 - 유아3: 사람 - 유아4: 줄 **• 그럼 말이 무엇을 하고 있을까?** - 유아1: 점프를 해요. - 유아2: 얼룩말이 서커스를 하는데 사람이 줄을 치니까 줄넘기를 해요. - 유아3: 발을 들고 발로 권투를 해요. **• 이 책의 제목을 붙여 보자.** - 유아1: 아저씨와 얼룩말 - 유아2: 말과 사람의 공연 - 유아3: 권투시합 - 유아4: 서커스 **• 왜 그런 제목을 붙였니?** - 유아4: 얼룩말이 발을 들고 서커스를 하는 것 같아서요. **• 그럼 제목이 무엇인지 함께 보자. (유아와 함께 읽는다)** - 유아4: 제가 생각한 제목과 같아요.
2	그림책 읽기	**• 그림책 전체를 교사가 유아들에게 한 번 보여 준다.** **• 이 그림책을 처음부터 한 번 보자.** 유아들: 교사와 함께 그림책을 끝까지 본다. **• 한 장씩 선생님과 같이 보자. 처음 그림에서 무엇을 보고 있니?** - 유아1: 무서운 호랑이 - 유아2: 사자 - 유아3: 감옥 마차 **• 감옥 마차? 왜 감옥 마차라고 생각했지?** - 유아3: 동물이 나가면 사람을 잡아먹으니까 도망가지 못하게 가두어서요. - 유아4: 밖으로 나갈 수 없으니까요. **• 무슨 일이 일어나고 있니?** - 유아1: 동물들이 잡혀서 쇠로 된 창살에 갇혀 끌려가고 있어요. - 유아2: 서커스를 하려나 봐요.

단계	활동	활동 전개 방법
		- 유아3: 동물들이 마을로 가서 서커스를 해요 • **그럼 다음 그림을 보자. 그림에서 무엇을 보고 있니?** - 유아1: 피에로 아저씨 - 유아2: 코끼리 - 유아3: 말 - 유아4: 마차 • **어떤 일이 일어나고 있니?** - 유아1: 피에로 아저씨가 코끼리를 마을로 데리고 가고 있어요. - 유아2: 호랑이와 사자가 마차를 타고 가고 있어요. - 유아3: 피에로가 긴 막대를 들고 앞에 서서 동물을 데리고 가요. (그림책의 각 장마다 등장인물, 배경 등 유아들이 그림책에서 본 것들에 대해 생각을 말해 보고 어떤 일이 일어났는지 함께 읽어 본다.)
3	이야기 꾸미기와 녹음하여 들어 보기	• **제목은 무엇으로 할까?** - 유아들: 서커스와 동물들 • **작가는?** - 유아들: 김○○입니다.(같이 참여한 유아들의 이름을 말한다.) • **자, 그럼 이 그림책의 이야기를 꾸며서 말해 볼까?** - 유아들은 그림책의 각 장마다 이야기를 꾸며 말하고 이때 꾸민 이야기는 녹음한다. • **지금부터 너희들이 꾸민 이야기를 들어 볼까?**

출처: 김지연(2004). 글 없는 그림책 이야기 꾸미기 활동이 유아의 창의성에 미치는 영향. pp.335-336.

3) 비평 활동계획안

(1) 문제 해결 방법에 대한 적절성 논의하기

활동명	마음 및 감정 조절하는 방법에 대해 논의하기
활동목표	• 화가 났을 때 나의 감정을 조절하는 다양한 방법에 대해 논의해 본다. • 문제를 해결하는 방법을 찾아보고 그 이유에 대해 말할 수 있다.
준비물	『소피가 화나면, 정말 정말 화나면』 그림책
활동단계	활동과정
	• 그림책 표지를 보면서 느낌을 말한다. - 책 표지에 어떤 것들이 보이나요? - 어떤 이야기일 것 같나요? - 그럼 우리 다 같이 소피가 왜 화가 났는지 들어 보도록 할까요? • 그림책을 읽는다. - 소피는 왜 화가 났었나요? - 화가 난 소피는 어떻게 하였나요? - 화가 나서 시뻘겋게 소리 지르는 그림을 보고 소피의 감정이 어떨까? - 왜 소피를 화산이라고 했을까? - 마을, 넓은 바다를 보며 소피는 무슨 생각을 하고 있을까? - 화를 풀기 위해 소피는 어떤 행동을 했는지? 그 행동들 중 가장 마음에 드는 것은? 그 이유를 말해 볼까? • 화가 났을 때 나의 감정을 조절하는 방법에 대해 생각해 보고 논의한다. - 화가 난 감정을 조절할 수 있는 방법들에 대해 이야기해 보자. - 여러 가지 좋은 방법들을 생각했구나. • 유아들이 말한 해결방법에 대해 평가해 본다. - 화가 나서 마구 큰 소리를 낸다면 다른 사람의 기분은 어떨까? - 왜 그 방법이 좋다고 생각하니?
활동의 유의점	유아들이 자신의 경험을 바탕으로 화가 났을 때 감정을 조절하는 다양한 방법들을 이야기하도록 허용해 준다.
확장활동	• 너희가 소피라면 어떻게 화를 풀었을까? • 역할극 해 보기(입장 바꾸기)

(2) 제목 동일한 그림책 분석하기

활동명	동일한 제목 그림책 분석하기(같은 옛이야기, 다른 그림책)
활동목표	• 『팥죽 할멈과 호랑이』 그림책의 공통점과 차이점을 분석할 수 있다. • 분석한 내용에 이유를 말할 수 있다.
준비물	『팥죽 할멈과 호랑이』 그림책
활동단계	활동과정
	• 그림책 표지를 보면서 느낌을 말한다. - 제목은 같지만 표지가 모두 다르단다. - 어떤 이야기일 것 같나요? • 『팥죽 할멈과 호랑이』 그림책 4권을 감상한다. • 『팥죽 할멈과 호랑이』 그림책 4권을 소재와 그림 표현에 대해 비교한다. - 어떤 점이 같고 어떤 점이 다르니? - 그림 표현은 어떻게 했니? - 가장 좋은 그림 표현은? - 왜 그렇게 생각했니? - 어떤 그림책이 가장 마음에 드니? - 왜 그렇게 생각했니? • 비교 분석해 본 느낌에 대해 이야기를 나눈다. - 그림책을 비교해 보는 활동을 하면서 어떤 마음이 들었니?
활동의 유의점	유아들이 네 권을 한 번에 비교 분석하기 어려울 수 있으므로 두 권씩 나누어서 할 수 있다.
확장활동	우리가 새롭게 만든 『팥죽 할멈과 호랑이』

참고문헌

강승희 · 황희숙(2007). 유아의 창의적 사고와 창의적 성향, 정서지능 및 기질과의 관계. **미래유아교육학회지**, 14(3), 169-197.

강영욱 · 이경화(2008). 물리적 지식활동을 통해서 본 1~3세 영유아의 초기 논리, 수학적 사고 발달. **아동학회지**, 29(1), 15-32.

고은경 · 강진주(2018). 유아 토론 및 토의기반 활동의 교육적 효과에 대한 메타분석. **열린유아교육연구**, 23(6), 299-327.

고정곤 · 김기철 · 김영숙 · 이영희 · 정철민 · 황현주(2017). **유아교과 논리 · 논술**. 서울: 양성원.

곽재은(2009). TV 광고를 활용한 토론활동이 유아의 비판적 사고에 미치는 영향. 서울교육대학교 교육대학원 석사학위논문.

김미숙 · 장영숙(2016). 글 없는 그림책을 활용한 이야기 꾸미기 활동이 유아의 구어능력 및 창의성에 미치는 영향. **미래유아교육학회지**, 23(1), 77-99.

김성은(2003). 상상놀이 중심의 음악활동이 유아의 창의성 향상에 미치는 영향. 숙명여자대학교 음악치료대학원 석사학위논문.

김수향(2003). 그림책을 활용한 창의적 문제해결 과정이 유아의 창의적 사고 및 문제해결 능력에 미치는 영향. 동덕여자대학교 대학원 아동학과 아동학 박사학위논문.

김수향(2008). 그림책을 활용한 창의적 문제해결 능력과 창의적 사고와의 관계에 대한 연구. **아동교육**. 17(4), 49-62.

김영정(2005). 비판적 사고와 학습의 3단계, 『자연과 문명의 조화』, **대한토목학회**, 53(4).

김영정(2006). 「논술의 개념과 특징」. http://www.logic.snu.ac.kr

김영좌(2013). 창의성계발을 위한 음악놀이에 관한 연구. 부산교육대학교 대학원 석사학위논문.

김유정(2006). 지식형성과정과 교육적 암시에 대한 Piaget와 Vygosky의 관점 비교. **보육정책연구**, 2(1), p.227-249.

김재봉(2016). **언어심리 기반의 말하기와 글쓰기 이해와 활용**. 서울: 형설출판사.

김제철(2008). 성공적인 글쓰기. 한양여자대학교 교수학습개발센터.

김종두(2004). 창의력 신장을 위한 교수－학습 방법의 개선. 대한사고개발학회 학술발표대회 발표논문집. 221-235.

김지연(2004). 글 없는 그림책 이야기 꾸미기 활동이 유아의 창의성에 미치는 영향. 한국유아교육연구, 6(1), 325-349.

김현경(2002). 유아를 위한 비판적 사고 교수모형의 구성 및 그 적용효과에 관한 연구. 중앙대학교 대학원 박사학위 논문.

김혜정(2008). 비판적 사고력 신장을 위한 읽기 지도 방향. 독서연구, 20, 47-81.

김호(2009). 창의적인 교사의 특성과 창의적인 교실의 모습. 2009년도 한국변형유아교육학회 추계학술대회, 45-22.

김호(2013). 유아교사의 창의적 수업 능력 평가 도구 개발. 열린유아교육연구, 8(4), 377-396.

노영희 · 김경철 · 김호(2006). 유아교사의 자기 평정용 창의성 검사 도구 개발. 유아교육연구, 26(2), 93-121.

노호원(2007). 바람직한 논술교육을 위한 방향성 탐구. 새국어교육, 76.

누리자쌤(정현경), 자유쌤(박소희)(2021). 누리자자유 유아 교직논술. 알레그리아.

명지원(2011). 읽기－말(토론)하기－쓰기 능력 향상을 위한 홀리스틱 접근. 홀리스틱연구, 15(1), 85-114.

민경숙(2007). 동화를 활용한 비판적 사고 증진프로그램 적용 및 효과 연구. 관동대학교 대학원 박사학위논문.

박명숙 · 유연옥(2007). 철학적 탐구 공동체 활동이 유아의 비판적 사고에 미치는 영향. 열린유아교육연구, 12(2), 327-347.

박명숙 · 유연옥(2009). 철학적 탐구 공동체 활동이 유아의 비판적 사고에 미치는 영향. 열린유아교육연구, 12(2), 327-347.

박선환(1998). 대학생의 비판적 사고력 증진을 위한 프로그램의 효과. 숙명여자대학교 대학원 박사학위논문.

박은영(2010). 논리적 글쓰기에서 내용 조직과 표현의 양상 분석. 광주교육대학교 교육대학원 석사학위논문.

박찬옥 · 지성애 · 조형숙 · 서동미 · 곽현주 · 엄은나 · 한진원 · 김현주 · 김민정 · 홍찬의(2018). 유아교사를 위한 논리 창의 교육. 경기: 정민사.

박찬옥 · 서동미 · 곽현주 · 엄은나 · 이예숙 · 홍찬의(2020). 유아교사를 위한 논리논술교육. 경기: 정민사.

방효국(2020). 토의중심 유아 뉴스 리터러시 교육프로그램이 유아의 비판적, 사회성, 의사소통능력에 미치는 효과. 유아교육학논집, 24(2), 225-246.

방효국 · 신유정 · 주봉관(2019). 과학기술에 대한 비판적 토의활동이 유아의 비판적 사고 및 인성에 미치는 영향. 유아교육학논집, 23(3), 234-254.

서정숙 · 남규(2010). (개정) 유아문학교육. 서울: 창지사.

서정숙 · 전효훈(2012). 패러디 그림책의 유형 분석. 어린이문학교육연구, 13(3), 285-306.

송주진 · 전일우(2007). 그림책을 활용한 토의활동이 유아의 창의성과 문제해결력에 미치는 영향. 생태유아교육연구, 5(2), 1-22.

송해덕(2007). 창의적 문제해결력의 구성요인과 교수설계원리의 탐색. 열린교육연구, 15(3), 55-73.

신명숙 · 김호(2015). 패러디 그림책을 활용한 이야기 짓기 활동이 유아의 창의성과 비판적 사고력에 미치는 영향. 열린유아교육연구, 20(6), 353-378.

심지현(2018). 논리적 사고력 향상을 위한 놀이중심의 언플러그드 프로그램 개발 및 적용. 공주교육대학교 교육대학원 석사학위논문.

안정미(2012). 만 5세 유아들의 소집단 토의 활동에 대한 실행연구. 이화여자대학원 교육대학원 석사학위논문.

양상미(2014). 스캠퍼 기법을 활용한 과학 수업이 창의적 사고 및 창의적 성향에 미치는 효과. 부산교육대학교 교육대학원 석사학위논문.

양하연(2004). 정보책 읽기 프로그램이 유아의 비판적 사고와 문제해결력에 미치는 영향. 성균관대학교 대학원 석사학위논문.

오시마 도모히데(2007). 논리적으로 말하는 기술. 서울: 행담출판.

오한나 · 전경원(2019). 글 없는 그림책에 나타난 창의성 내용 분석. 창의성 교육연구, 19(3), 67-85.

유시민의 논리적 글쓰기. https://youtu.be/M95mtgAR2d4

유재선(2018). 교사 창의성 척도 개발에 대한 탐색적 연구. 가천대학교 교육대학원 석사학위논문.

윤진(2004). 비판적 사고 성향 측정도구 개발—간호학을 중심으로. 가톨릭대학교 대학원 박사학위논문.

윤혜진(2012). 유아의 논리적 사고의 발달: 추론상황과 삼단논법을 중심으로. 계명대학교 대학원 박사학위논문.

윤혜진 · 유연옥(2013). 추론상황과 삼단논법형태가 유아의 논리적 사고에 미치는 영향. 미래유아교육학회지, 20(1), 437-457.

이정숙(2016). 유아의 상상놀이와 창의성과 관계. 강원대학교 산업과학대학원 석사학위논문.

이종연 외(2005). 창의적 문제해결력 증진을 위한 Creative Thinker 프로그램 연구. 연구보고 KR 2005-33. 한국교육학술정보원.

이혜영(2020). 도형을 이용한 유아 창의성 검사 개발 및 타당성 검증. 가천대학교 대학원 박사학위논문.

임귀자·서영임(2017). 글 없는 그림책을 활용한 의미지도 그리기 언어활동이 유아의 읽기 능력과 창의성에 미치는 효과. 인문사회 21, 8(1), 679-702.

임귀자·조희숙(2015). 유아의 그림책 속 인물이해 탐색: 글 없는 그림책을 중심으로. 어린이 문학교육연구, 16(2), 201-231.

임선하(1999). 창조성의 측정과 평가. 창조교육논총, 3(0), 85-95.

임혜란(2014). 소집단 토의 활동이 유아의 비판적 사고에 미치는 영향. 공주대학교 교육대학원 석사학위논문.

전경원(1999). 유아 창의적 특성검사. 서울: 학지사.

정경정(2005). 창의성 증진을 위한 유아음악놀이지도에 관한 연구. 동아대학교 교육대학원 석사학위논문.

정대련(2014). (동화로 여는) 유아의 논리논술. 서울: 창지사.

정대련(2016). (동화로 여는) 유아의 논리논술. 서울: 창지사.

정대련·김주희·어은정·이춘희·이현주(2014). 논리적 사고와 의사소통을 돕는 유아들의 철학적 탐구공동체 활동. 서울: 창지사.

정미라·이영미·권희경(2010). 논리적 사고를 촉진하는 교사의 발문이 5세 유아의 개인적 내러티브 발달에 미치는 영향. 유아교육연구, 30(2), 431-448.

정옥분(2015). 영유아발달의 이해. 서울: 학지사.

정은주(2019). 고등학생의 논리적 사고력, 과학탐구능력, 창의적 인성, 사고양식 간의 상관관계. 단국대학교 대학원 박사학위논문.

정혜윤(2014). SCAMPER 기법을 활용한 교사 발문이 유아의 창의성 향상에 미치는 영향. 숭실대학교 교육대학원 석사학위논문.

정희모·이재성(2005). 글쓰기의 전략. 들녘출판사.

진근영(2009). 비판적 사고력 신장을 위한 신문사설 읽기지도 방법 연구. 가톨릭대학교 대학원 석사학위논문.

차승영(2006). 창의적 표현을 위한 미술교육연구(놀이체험을 통한 미술활동). 성신여자대학교 대학원 석사학위논문.

토니 부잔(2018). 토니 부잔 마인드맵 마스터. 서울: 미래의 창.

하주현(2000). 창의적 인성검사 개발. 교육심리연구, 14(2), 187-210.

한국교육개발원(2006). 창의적 지식 생산자 양성을 위한 영재교육(공통이론). 서울: 한국교육개발원.

한상기(2007). 비판적 사고와 논술. 범한철학, 46, 289-315.

한정은(2004). 동화에 관한 교사의 질문이 유아의 비판적 사고에 미치는 영향. 한국교원대학교 교육대학원 석사학위논문.

홍혜인(2015). 중학교 과학 수업에서의 논리적 사고력과 창의적 사고력 강화 탐구 교수전략 개발 및 적용. 이화여자대학교 박사학위 논문.

Bloom(1982). *Human interactions and school learning.* New York: McGraw-Hill.

Blosser(1991). *How to ask right Questions.* Washington DC: NSTA.

Bransford, J. D., & Stein, B. S. (1984). *The IDEAL problem solver.* New York: Freeman.

Guilford, J. P. (1950). Creativity, *American Psychologist, 5*, 444-454.

Guilford, J. P. (1967). *The Nature of Human Intelligence.* New York: McGraw-Hill.

Holdaway, D. (1979). *The foundations of literacy.* New York: Ashton Scholastic.

Jeffrey, B., & Craft, A. (2004). Teaching creatively and teaching for creativity: Distinctions and relationships. *Educational Studies, 30*(1), 77-87.

Kamii, C., & Devries, R(1978). 물리적 지식활동. 이경우 · 문미옥 역(1990). 서울: 창지사.

Kintsch, E. (2005). Comprehension theory as a guide for the design of thoughtful question. *Topics in Language Disorders, 25*, 51-64.

Massey, S. L., Pence, K. L., & Justice, L. M. (2008). Educators' use of cognitively challenging questions in economically disadvantaged preschool classroom contexts. *Early Education and Development, 19*(2), 340-360.

Nikolajeva, M. (2005). *Asthetic approaches to children's literature.* Maryland: S carecrow press, Inc.

Parnes, S. J. (1999). Programs and courses in creativity. In Mark A. Runco & Steven R. Pritzker (Eds.) *Encyclopedia of Creativity. Vol. 2.* (pp. 465-477). CA: Academic Press.

Roadranka, V., Yeany, R. H., & Padilla, M. J. (1983). *The construction and validation of group assessment of logical thinking, (GALT).* Paper presented at the annual meeting of the National Association for Research in Science Teaching. Dallas, Texas.

Sternberg, R. J. (Ed.). *The nature of creativity.* Cambridge University Press.

Torrance, E. P. (1988). The nature of creativity as manifest in its testing. In Torrance, E. P.(1963). *Education and the creative potential.* Minneapolis: The University of Minnesota.

Torrance, E., & Reynolds, C. (1997). Your style of learning and thinking forms A and B. *The Gifted Child Quarterly, 21*, 567-873.

저자소개

■ **장석경**

현) 국제대학교 유아교육과 교수

사고력에 기초한 유아 논리 · 논술교육

초판 1쇄 발행 / 2022년 6월 15일
초판 2쇄 발행 / 2024년 9월 20일

저 자 / 장 석 경
발행인 / 이 중 수
발행처 / **동 문 사**

서울특별시 서대문구 홍제원 1길 12
(홍제동 137-8)
Tel: 02)736-3718(대), 736-3710, 3720
Fax: 02)736-3719
등록번호: 1974.04.27. 제9-17호
가격: 18,000원

ISBN: 979-11-6328-429-1 (93370)
E-mail: dong736@naver.com
www.dongmunsa.com